STRUM & SING

UKULELE
Sing-Along Songs

Cherry Lane Music Company
Director of Publications/Project Editor: Mark Phillips

ISBN 978-1-60378-387-3

Copyright © 2012 Cherry Lane Music Company
International Copyright Secured
All Rights Reserved

The music, text, design and graphics in this publication are protected by copyright law. Any duplication or transmission,
by any means, electronic, mechanical, photocopying, recording or otherwise, is an infringement of copyright.

Visit our website at www.cherrylaneprint.com

CONTENTS

Afternoon Delight

Words and Music by Bill Danoff

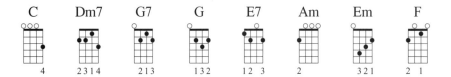

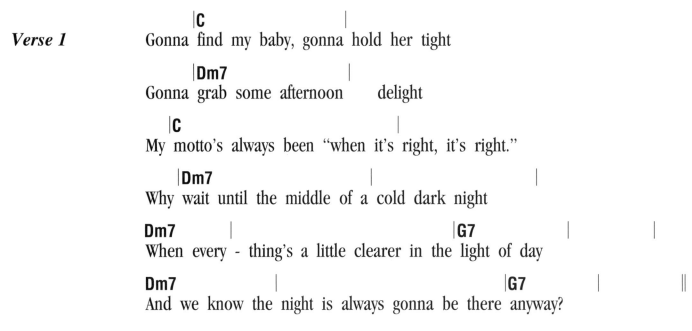

Verse 1

|C |
Gonna find my baby, gonna hold her tight

|Dm7 |
Gonna grab some afternoon delight

|C |
My motto's always been "when it's right, it's right."

|Dm7 | |
Why wait until the middle of a cold dark night

Dm7 | |G7 | |
When every - thing's a little clearer in the light of day

Dm7 | |G7 | ||
And we know the night is always gonna be there anyway?

Verse 2

C |
Thinkin' of you's workin' up my appetite;

|Dm7 |
Looking forward to a little after - noon delight.

|C |
Rubbin' sticks and stones together makes the sparks ingite,

|Dm7 ||
And the thought of lovin' you is getting so exciting.

Copyright © 1976; Renewed 2004 BMG Ruby Songs (ASCAP) and Chrysalis One Music Publishing (IMRO)
All Rights for BMG Ruby Songs Administered by BMG Chrysalis
All Rights for Chrysalis One Music Publishing Controlled and Administered by Chrysalis One Music
International Copyright Secured All Rights Reserved

Chorus

```
             C            |                |
             Sky  rockets  in  flight.

             G        E7      |Am        |              |
             Afternoon     delight.

             Dm7  Em  |F        G7      C   |          |          |
             Af   -        ternoon    de - light.

             Dm7  Em  |F        G7      C   |          |
             Af   -        ternoon    de - light.
```

Verse 3

```
                       ‖C                   |
             Started  out  this  morning  feeling  so  polite.

                    |Dm7                                 |
             I  always  thought  a  fish  could  not  be  caught  who  didn't  bite.

                    |C                          |
             But  you've  got  some  bait  a - waitin'  and  I  think  I  might

                    |Dm7                |                   ‖
             Like  nibbling  a  little  after - noon  delight.
```

Repeat Chorus

Bridge

```
             Dm7    |                          |G7              |              |
             Be       waiting  for  me,  baby,  when  I  come  around.

             Dm7          |                          |G7              |              ‖
             We       can  make  a  lot  of  lovin'  'fore  the  sun  goes  down.
```

Repeat Verse 2

Repeat Chorus

Ain't No Reason

Words and Music by
Brett Dennen

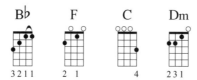

Bb   F   C   Dm

3 2 1 1   2 1   4   2 3 1

Intro   **Bb**   **F** |**C**   **Dm**   **C** |**Bb**   **F** |**C**

Verse 1

                      ||**Bb**   **F**

There ain't no rea - son things are this way;

                    |**C**   **Dm**

It's how they always been and they intend to stay.

C |**Bb**   **F** |**C**

I can't explain   why we live this way;   we do it every day.

                |**Bb**   **F**

Preachers on the podium speaking of saints.

               |**C**   **Dm**

Prophets on the sidewalk begging for change.

C |**Bb**   **F** |**C**

Old   ladies laugh - ing from the fire escape,   cursing my name.

Copyright © 2006 Emigrant Music (BMI) and Downtown DMP Songs (BMI)
All Rights Administered by Downtown Music Publishing LLC
International Copyright Secured   All Rights Reserved

Verse 2

```
                              ‖Bb                              F
I got a basket full of lemons and they all taste the same,
                    |C                    Dm
A window and a pigeon with a broken wing.
C                |Bb                              F
You can spend your whole life working for some - thing,
                    |C
Just to have it taken away.
                    |Bb                        F
People walk a - round pushing back their debts,
                    |C                    Dm
Wearing pay - checks like necklaces and bracelets.
C                |Bb                          F
Talking 'bout nothing, not thinking 'bout death,
          |C                    Dm
Every little heartbeat, every little breath.
```

Verse 3

```
C                ‖Bb                    F
People walk a tightrope on a razor's edge,
                    |C                          Dm
Carrying their hurt and hatred and weap - ons.
C                |Bb                          F
It could be a bomb, or a bullet, or a pen,
                    |C
Or a thought, or a word, or a sentence.
                    |Bb                        F
There ain't no rea - son things are this way;
                    |C                              Dm
It's how they always been and they intend to stay.
C                    |Bb                          F                    |C
I don't know why    I say the things that I say, but I say them any - way.
```

Chorus 1

                      ‖ **Dm**   **B♭** |**C**
But love will come set me free.

                   |**Dm**   **B♭** |**C**
Love will come set me free, I do believe.

                   |**Dm**   **B♭** |**C**
Love will come set me free, I   know it will.

                   |**Dm**   **B♭** |**C**
Love will come set my free, yes.

Verse 4

                    ‖ **B♭**   **F**
Prison walls   still standing tall;

                 |**C**   **Dm**
Some things   never change at all.

C |**B♭**   **F**
Keep on building prisons; gonna fill them all.

                |**C**
Keep building bombs; gonna drop them all.

               |**B♭**   **F**
Working your fingers bare to the bone,

                |**C**   **Dm**
Breaking your back, make you sell your soul.

C |**B♭**   **F** |**C**
Like a lung,   it's filled with coal, sufficating slow.

Verse 5

              ‖**B♭**   **F**
The wind blows wild   and I may move,

           |**C**   **Dm**
But politicians lie and I am not fooled,

  C |**B♭**   **F** |**C**
You don't need no reason or a three piece-suit to argue the truth.

           |**B♭**   **F**
The air on my skin and the world under my toes,

          |**C**   **Dm**
Slavery is stitched into the fabric of my clothes.

C |**B♭**   **F** |**C**
Chaos and com - motion wherever I go; love I try to follow.

Chorus 2

              ‖**Dm**   **B♭** |**C**
Love will come set me free.

           |**Dm** **B♭** |**C**
Love will come set me free, I do believe.

           |**Dm** **B♭** |**C**
Love will come set me free, I know it will.

           |**Dm** **B♭** |**C**
Love will come set my free,   yes.

Outro

              ‖**B♭**   **F**
There ain't no rea - son things are this way;

          |**C**   **Dm**
It's how they always been and they intend to stay.

C |**B♭**   **F** |**C**   ‖
I can't explain   why we live this way; we do it every day.

Alison

Words and Music by
Elvis Costello

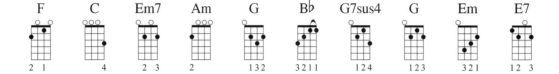

Verse 1

||**F** |**C**
Oh, it's so funny to be seeing you after so long, girl.

          |**F** |**Em7**   **Am**   **G** |
And with the way you look, I understand that you are not im - pressed.

F |**Em7**   **Am** |
But I heard you let that little friend of mine

B♭ |**G7sus4**   **G7** |
Take off your party dress.

F |**Em7**   **Am**
I'm not going to get too senti - mental

G |**F** |**Em7**   **Am** **G** |
Like those other sticky valentines,

F |**Em7**   **Am**
'Cause I don't know if you are loving some - body.

|**B♭** |**G7sus4**   **G7** ||
I only know it isn't mine.

Copyright © 1977 by Universal Music Publishing MGB Ltd.
Copyright Renewed
All Rights in the United States Administered by Universal Music - MGB Songs
International Copyright Secured   All Rights Reserved

Chorus 1

```
         F    |C   F    |    G           Em |  E7  Am
Alison,       I know  this world   is kill - ing you.

    G |F          |C  |F       G           |C            ||
Oh  Al -  ison,          my aim   is true.
```

Verse 2

```
F                           |C
  Well, I see you've got a husband now.

        |F                          |Em7         Am       G         |
Did he leave your pretty fingers lying in the wedding cake?

F                          |Em7         Am
  You used to hold him right in your hand.

      |B♭                   |G7sus4    G7        |
I'll bet he took all he could take.

F                          |Em7         Am
  Sometimes I wish that I could stop you from talking

G    |F                         |Em7      Am    G    |
When I hear the silly things that you say.

F                         |Em7                 Am
  I think somebody better put out the big light,

      |B♭                  |G7sus4    G7        ||
'Cause I can't stand to see you this way.
```

Chorus 2

```
         F    |C   F    |    G           Em |  E7  Am
Alison,       I know  this world   is kill - ing you.

    G |F          |C  |F       G           |C    F        |
Oh  Al -  ison,          my aim   is true.

B♭   G         |C    F            |
  My aim is true.

B♭   G         |C                ||
  My aim is true.
```

American Pie

Words and Music by Don McLean

G   D   Em   Am   C   A7   D7

1 3 2 | 1 2 3 | 3 2 1 | 1 | 4 | 1 | 1 1 1 3

Verse 1

|G   D   Em |
A long, long time ago

Am   **C**
I can still remem - ber

|**Em** |**D**
How that music used to make me smile.

|**G**   D   **Em**
And I know if I had my chance,

|**Am**   **C**
That I could make those people dance,

|**Em**   **C** |**D** |**Em**
And maybe they'd be happy for a while.

Am |
But February made me shiver

Em   **Am** |
With every paper I'd deliver,

C   **G**   **Am**
Bad news on the doorstep.

|**C**   **D**
I couldn't take one more step.

|**G**   D   **Em**
I can't remem - ber if I cried

|**C**   **D** |
When I read about his widowed bride.

G   D   **Em**
Something touched me deep inside

|**C**   D |**G** | ||
The day the music died. So…

Copyright © 1971, 1972 BENNY BIRD CO., INC.
Copyright Renewed
All Rights Controlled and Administered by SONGS OF UNIVERSAL, INC.
All Rights Reserved   Used by Permission

Chorus

```
       G    C         |G              D
Bye,  bye,  Miss  A - merican  Pie.
             |G              C           |G              D
Drove  my  Chevy  to  the  levee,  but  the  levee  was  dry.
             |G              C              |G              D
And  them  good  ol'  boys     were  drinking  whiskey  and  rye,
             |Em                        |A7       |
Singing,  "This'll  be  the  day  that  I  die,
Em                          |D      |        ||
This'll  be  the  day  that  I  die."
```

Verse 2

```
G                       |Am
Did  you  write  the  book  of  love,
             |C           |Am           |Em
And  do  you  have  faith  in  God  above
                   |D7            |
If  the  Bible  tells  you  so?
             |G           D    |Em
Now,  do  you  believe  in    rock  'n'  roll?
       |Am                    |C
Can  music  save  your  mortal  soul?
       |Em                    |A7                    |D7       |
And  can  you  teach  me  how  to  dance  real  slow?
             |Em                        |D
Well,  I  know  that  you're  in  love  with  him
             |Em                    |D7
'Cause  I  saw  you  dancing  in  the  gym.
       |C              G                    |Am
You  both  kicked  off  your  shoes.
```

    |C |D7
Man, I dig those rhythmic blues.

       |G   D |Em
I was a lonely teen - age broncin' buck

    |Am |C
With a pink carnation and a pickup truck.

   |G   D |Em
But I knew I was out of luck

     |C |D7 |G   C |
The day the mu - sic died.

G   D   ‖
I started singing…

Repeat Chorus

Verse 3

       |G |Am
Now, for ten years we've been on our own,

   |C |Am |Em
And moss grows fat on a rolling stone.

         |D7 |
But that's not how it used to be

    |G   D |Em
When the jester sang for the king and queen

 |Am |C
In a coat he borrowed from James Dean,

  |Em |A7 |D7 |
And a voice that came from you and me.

   |Em |D
Oh, and while the king was looking down,

  |Em |D7
The jester stole his thorny crown.

  |C   G |Am
The courtroom was ad - journed,

|C |D7
No verdict was returned.

       |G   D |Em
And while Lenin read a book on Marx,

 |Am |C
A quartet practiced in the park,

   |G   D |Em
And we sang dirges in the dark

       |C |D7 |G C|
The day the mu - sic died.

G   D   ‖
We were singin'…

Repeat Chorus

        G |Am
Verse 4   Helter skelter in the summer swelter,

   |C |Am |Em
The birds flew off with a fallout shelter.

         |D7 |
Eight miles high and fallin' fast,

 |G   D |Em
It landed foul on the grass.

  |Am |C
The players tried for a forward pass

    |Em |A7 |D7 |
With the jester on the sidelines in a cast.

     |Em |D
Now, the half time air was sweet perfume,

   |Em |D7
While sergeants played a marchin' tune.

C   G |Am
We all got up to dance, oh,

```
      |C                        |D7
But we never got the chance.

            |G      D    |Em
'Cause the players tried to take the field,

      |Am               |C
The marching band re‑fused to yield.

       |G      D    |Em
Do you re‑call what was revealed

        |C      |D7          |G   C|
The day the music died?

G          D          ‖
We started singin'…
```

Repeat Chorus

```
                |G                |Am
Verse 5   Oh, and there we were all in one place,

          |C               |Am     |Em
A generation lost in space

                  |D7                |
With no time left to start again.

              |G      D    |Em              |
So come on, Jack be nimble, Jack be quick

Am                     |C
Jack Flash sat on a candlestick

        |Em        |A7          |D7     |
'Cause fire is the devil's only friend.

        |Em               |D
And as I watched him on the stage,

        |Em                  |D7
My hands were clenched in fists of rage.

        |C    G          |Am
No angel born in hell
```

```
        |C                          |D7
Could break that Satan's spell.

             |G          D      |Em
And as the flames climbed high in - to the night,

      |Am                 |C
To light the sacrificial rite,

      |G         D      |Em
I saw Satan  laughing with delight

             |C        |D7    |G    C|
The day the mu - sic died

G         D              ‖
He was singing…
```

Repeat Chorus

```
                 G       D       Em
Verse 6          I met a girl who sang the blues,

                 |Am                    C
                 And I asked her for some happy news

                 |Em                         |D      |
                 But she just smiled and turned away.

                 G       D          Em
                 I went  down to the sacred store

                 G      |Am              G  C
                 Where I'd heard the music   years before.

                      |Em              C           |D
                 But the man there said the music wouldn't play.

                   |Em              Am
                 And in the streets, the children screamed,

                   |Em                   Am
                 The lovers cried, and the poets dreamed.

                    |C        G      Am      G
                 But not a word  was spoken,
```

```
    |C                      D
The church bells all were broken,

         |G         D       Em       G
And the three men I admire most,

     |C                      D
The Father, Son, and the Holy Ghost,

       |G          D        Em
They caught the last train for the coast

       |C        D     |G          |
The day the music died.

G                  D              ||
And they were singing…
```

Repeat Chorus

Baba O'Riley

Words and Music by
Peter Townshend

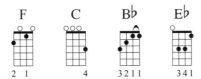

Intro

F   C |B♭ |F   C |B♭ |F   C |B♭ |F   C |B♭ |

F   C |B♭ |F   C |B♭ |F   C |B♭ |F   C |B♭ ||

Verse 1

F   C |B♭ |
Out here in the fields,

F   C |B♭ |
I fight for my meals.

F   C |B♭ |F   C |B♭ |
I get my back   into my liv - ing.

F   C |B♭ |
I don't need to fight

F   C |B♭ |
To prove I'm right.

F   C |B♭ |F   C |B♭ ||
I don't   need   to be forgiv - en, yeah, yeah,   yeah, yeah, yeah.

Interlude 1

F   C |B♭ |F   C |B♭ |F   C |B♭ |F   C |B♭ |

F   C |B♭ |C | | | ||

Copyright © 1971 Towser Tunes, Inc., Fabulous Music Ltd. and ABKCO Music, Inc.
Copyright Renewed
All Rights for Towser Tunes, Inc. Administered by Universal Music Publishing International MGB Ltd.
All Rights for Universal Music Publishing International MGB Ltd. in the U.S. Administered by Universal Music - Careers
International Copyright Secured   All Rights Reserved

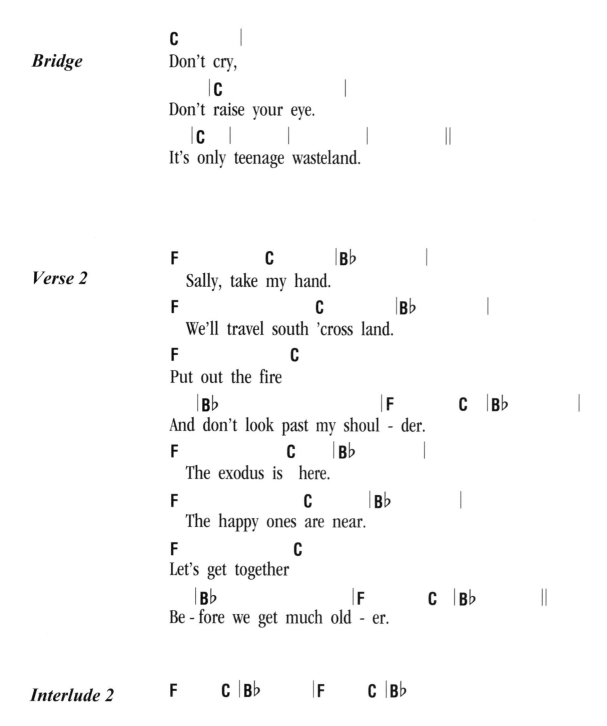

Bridge

C |

Don't cry,

|C |

Don't raise your eye.

|C | | | ||

It's only teenage wasteland.

Verse 2

F C |B♭ |

Sally, take my hand.

F C |B♭ |

We'll travel south 'cross land.

F C

Put out the fire

|B♭ |F C |B♭ |

And don't look past my shoul - der.

F C |B♭ |

The exodus is here.

F C |B♭ |

The happy ones are near.

F C

Let's get together

|B♭ |F C |B♭ ||

Be - fore we get much old - er.

Interlude 2

F C |B♭ |F C |B♭

```
                      ‖F          C |
Chorus        Teenage wasteland,
              Bb                  |F          C |
                It's only  teenage  wasteland.
              Bb          |F          C      |
                Teenage  wasteland,  oh,   yeah,
              Bb          |F          C  |
                Teenage  wasteland.
              Bb          |C          |Bb        ‖
                They're  all  wasted!


Interlude 3   C        |Bb      |F      |Eb      |C      |Bb      |F      |Eb      |

              F        |        |Eb      |      |F      |      ‖
```

California Dreamin'

Words and Music by
John Phillips and Michelle Phillips

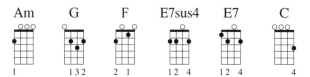

Verse 1

          ‖Am   **G**   **|F**
All the leaves are brown (all the leaves are brown)

      G   **|E7sus4**   **|E7**
And the sky is grey   (and the sky is grey).

F   **|C**   **E7**   **|Am**
I've been for a walk (I've been for a walk)

      F   **|E7sus4**   **|E7**
On a winter's day   (on a winter's day).

         |Am   **G**   **|F**
I'd be safe and warm (I'd be safe and warm)

    G   **|E7sus4**   **|E7**
If I was in L.A.   (if I was in L.A.).

     |Am   **G**   **|F**
California dreamin' (Cali - fornia dream - in')

    G   **|E7sus4**   **|**
On such a winter's day.

Copyright © 1965 UNIVERSAL MUSIC CORP.
Copyright Renewed
All Rights Reserved   Used by Permission

Verse 2

```
             ‖ Am        G          | F
Stopped in to a church
               G       | E7sus4              | E7
I passed a - long the way.
                | F              | C              E7         | Am
Well, I got down on my knees (got down on my knees)
                | F         | E7sus4                | E7
And I pre - tend to pray       (I pretend to pray).
                              | Am          G              | F
You know the preacher liked the cold (Preacher liked the cold).
               G       | E7sus4                | E7
He knows I'm gonna stay (knows I'm gonna stay).
               | Am          G         | F
California dreamin' (Cali - fornia dream - in')
     G           | E7sus4           |                    ‖
On such a winter's day.
```

Interlude

Am							F		
C	E7	|Am	F	|E7sus4		|E7			|
Am	G	|F	G	|E7sus4		|E7			|
Am	G	|F	G	|E7sus4		|E7			

Verse 3

```
       ‖Am              G              |F
```
All the leaves are brown (all the leaves are brown)
```
          G         |E7sus4                |E7
```
And the sky is grey   (and the sky is grey).
```
F          |C          E7        |Am
```
I've been for a walk (I've been for a walk)
```
       F        |E7sus4              |E7
```
On a winter's day   (on a winter's day).
```
          |Am          G       |F
```
If I didn't tell her (if I didn't tell her)
```
          G         |E7sus4                |E7
```
I could leave today   (I could leave today).
```
          |Am             G        |F       G        |Am
```
California dreamin' (Cali-fornia dream - in') on such a winter's day.
```
          G        |F        G        |Am
```
(Cali-fornia dream - in') on such a winter's day.
```
          G        |F        G        |F      |          |Am        ‖
```
(Cali-fornia dream - in') on such a winter's day.

Don't Stop Believin'

Words and Music by
Steve Perry, Neal Schon and Jonathan Cain

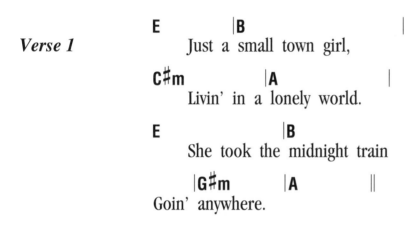

Verse 1

E |B |
Just a small town girl,

C#m |A |
Livin' in a lonely world.

E |B
She took the midnight train

|G#m   A ||
Goin' anywhere.

Verse 2

E |B |
Just a city boy,

C#m |A |
Born and raised in south Detroit.

E |B
He took the midnight train

|G#m |A ||
Goin' anywhere.

Copyright © 1981 Lacey Boulevard Music (BMI) and Weed-High Nightmare Music (BMI)
All Rights for Weed-High Nightmare Music Administered by Wixen Music Publishing Inc.
International Copyright Secured   All Rights Reserved

Interlude E |B |C♯m |A |

E |B |G♯m |A ||

Verse 3

E |B |
 A singer in a smoky room,

C♯m |A |
 A smell of wine and cheap perfume.

E |B
 For a smile they can share the night.

|G♯m |A ||
It goes on and on and on and on.

Chorus

B A |B E |B E |B E
Stran - gers wait - ing up and down the boule - vard,

|B A |B E |B E |B E |
Their shad - ows search - ing in the night.

B A |B E |B E |B E |
Street - lights, peo - ple living just to find e - motion,

B A |B E |B E |B E A ||
Hid - ing some - where in the night.

Interlude E |B |C♯m |A ||

26

Verse 4

```
E                    |B                   |
    Working  hard  to  get  my  fill.
C♯m            |A                  |
    Everybody  wants  a  thrill.
E                    |B
    Payin'  anything  to  roll  the  dice
     |G♯m            |A            ||
Just  one  more  time.
```

Verse 5

```
E                    |B                   |
    Some  will  win,    some  will  lose.
C♯m                    |A              |
    Some  were  born  to  sing  the  blues.
E                    |B
    Oh,  the  movie  nev  -  er  ends.
     |G♯m            |A              ||
It  goes  on  and  on  and  on    and  on.
```

Repeat Chorus

Outro

```
E              |B          |
Don't  stop  be - lievin'.
C♯m            |A            |
    Hold  on  to  the  feelin'.
E          |B        |G♯m      |A        ||
Streetlight,    people.
```

Repeat Outro (2x)

California Girls

Words and Music by
Brian Wilson and Mike Love

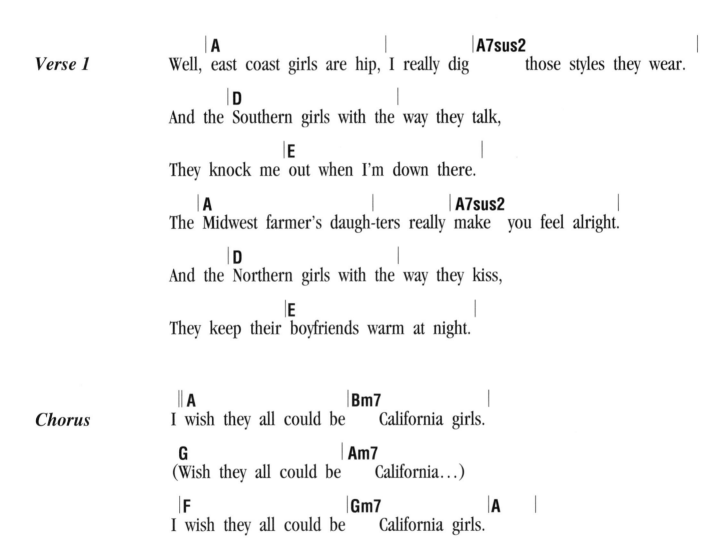

Verse 1

|**A** | | |**A7sus2** | |
Well, east coast girls are hip, I really dig those styles they wear.

|**D** |
And the Southern girls with the way they talk,

|**E** |
They knock me out when I'm down there.

|**A** | |**A7sus2** |
The Midwest farmer's daugh-ters really make you feel alright.

|**D** |
And the Northern girls with the way they kiss,

|**E** |
They keep their boyfriends warm at night.

Chorus

‖**A** |**Bm7** |
I wish they all could be California girls.

G |**Am7** |
(Wish they all could be California…)

|**F** |**Gm7** |**A** |
I wish they all could be California girls.

Copyright © 1965 IRVING MUSIC, INC.
Copyright Renewed
All Rights Reserved   Used by Permission

Verse 2

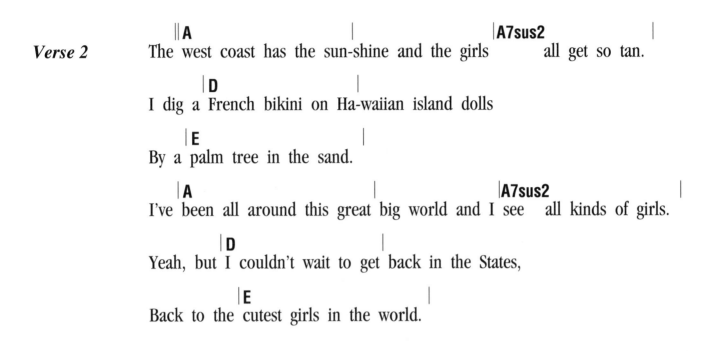

|| A | | A7sus2 |

The west coast has the sun-shine and the girls   all get so tan.

| D |

I dig a French bikini on Ha-waiian island dolls

| E |

By a palm tree in the sand.

| A | | A7sus2 |

I've been all around this great big world and I see   all kinds of girls.

| D |

Yeah, but I couldn't wait to get back in the States,

| E |

Back to the cutest girls in the world.

Repeat Chorus

Outro-Chorus

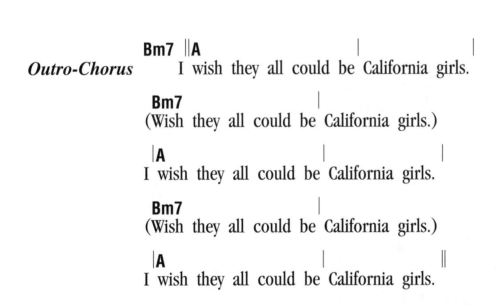

Bm7 || A | |

       I wish they all could be California girls.

Bm7 |

(Wish they all could be California girls.)

| A | |

I wish they all could be California girls.

Bm7 |

(Wish they all could be California girls.)

| A | ||

I wish they all could be California girls.

The Candy Man

from WILLY WONKA AND THE CHOCOLATE FACTORY

Words and Music by
Leslie Bricusse and Anthony Newley

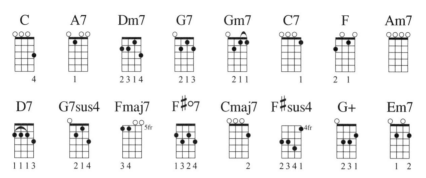

Verse 1

C | **A7** |
Who can take a sunrise,

Dm7 **G7** |**Gm7 C7** |
Sprinkle it with dew,

F |**C** **Am7**
Cover it in chocolate and a miracle or two?

Chorus

‖**D7** |**G7sus4**
The candy man,

|**C** **G7sus4** |**C Am7**
The candy man can.

|**D7** |**Dm7**
The candy man can 'cause he mixes it with love

|**C** **Dm7** |**C Dm7** ‖
And makes the world taste good.

Verse 2

C | **A7** |
Who can take a rainbow,

Dm7 **G7** |**Gm7 C7** |
Wrap it in a sigh,

F |**C** **Am7**
Soak it in the sun and make a strawberry lemon pie?

Copyright © 1970, 1971 by Taradam Music, Inc.
Copyright Renewed
International Copyright Secured   All Rights Reserved

Repeat Chorus

Bridge

‖**Fmaj7** |**F#○7** |
The candy man makes everything he bakes

C |**Cmaj7** |
Satisfying and de-licious.

F#sus4   **G+** |**Em7**   **A7**
Talk   about your childhood wishes,

Dm7 |**G7**   ‖
You can even eat the dishes!

Verse 3

C | **A7** |
 Who can take tomorrow,

Dm7   **G7** |**Gm7 C7** |
Dip it in a dream,

F |**C**   **Am7**
Separate the sorrow and col-lect up all the cream?

Outro-Chorus

‖**D7** |**G7sus4**
The candy man,

|**C**   **G7sus4** |**C Am7**
The candy man can.

|**D7** |**Dm7**
The candy man can 'cause he mixes it with love

|**C**   **Dm7** |**C Am7**
And makes the world taste good.

|**D7**
And the world tastes good

|**Dm7** |**C**   **F** |**C** ‖
'Cause the candy man thinks it should.

Do You Believe in Magic

Words and Music by
John Sebastian

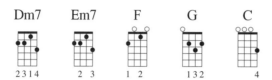

Intro   Dm7   Em7 |F   Em7 |Dm7   Em7 |

Verse 1
        F   G ||C |F
Do you be - lieve in mag - ic in a young girl's heart,
              |C |F
How the music can free her when - ever it starts?
           |C |F
And it's magic, if the music is groovy.
         |C |F
It makes you feel happy like an old-time movie.
    |Dm7   Em7 |F   Em7
I'll tell you 'bout the magic and it'll free your soul,
               |G | |
But it's like tryin' to tell a stranger 'bout   rock-and-roll.

Verse 2
                       ||C |F
If you believe in mag - ic, don't you bother to choose
         |C |F
If it's jug band music or rhythm and blues.
            |C |F
Just go and listen; it'll start with a smile
           |C |F
That won't wipe off your face no matter how hard you try.
    |Dm7   Em7 |F   Em7
Your feet start tappin' and you can't seem to find
         |G | ||
How you got there, so just   blow your mind.

Copyright © 1965 by Alley Music Corp. and Bug Music-Trio Music Company
Copyright Renewed
International Copyright Secured   All Rights Reserved
Used by Permission

Interlude F | |C | |

F Em7 |F Em7 |G |

Verse 3

||C |F
If you believe in mag - ic, come a - long with me.

|C |F
We'll dance until morning till there's just you and me.

|C |F
And maybe if the music is right,

|C |F
I'll meet you tomorrow, sort of late at night.

|Dm7 Em7 |F Em7
And we'll go dancin', baby; then you'll see

|G | ||
How the magic's in the music and the music's in me.

Outro

F |
Yeah,

|C |
Do you believe in mag - ic?

|F Em7 |F Em7
Be - lieve in the magic of a young girl's soul?

|F Em7 |F Em7
Be - lieve in the magic of rock-and-roll?

|F Em7 |F Em7 |G |
Be - lieve in the magic that can set you free?

|F | |C |
Do you believe like I believe? Do you believe like I believe?

|F | |C |
Do you believe like I believe? Do you believe like I believe?

|F | |C | ||
Do you believe like I believe?

Fallin' for You

Words and Music by
Colbie Caillat and Rick Nowels

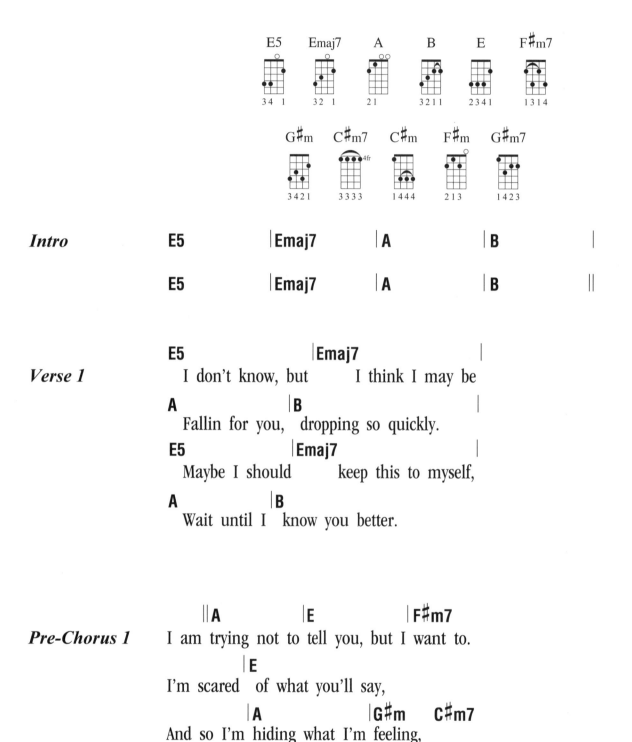

Intro   E5 |Emaj7 |A |B |

E5 |Emaj7 |A |B   ‖

Verse 1

E5 |Emaj7 |
   I don't know, but   I think I may be

A |B |
   Fallin for you, dropping so quickly.

E5 |Emaj7 |
   Maybe I should   keep this to myself,

A |B |
   Wait until I know you better.

Pre-Chorus 1

‖A |E |F♯m7
I am trying not to tell you, but I want to.

|E
I'm scared of what you'll say,

|A |G♯m   C♯m7
And so I'm hiding what I'm feeling,

|F♯m7 E |A   B   ‖
But I'm tired   of hold - ing this in - side my head.

Copyright © 2009 Sony/ATV Music Publishing LLC, Cocomarie Music and R-Rated Music
All Rights on behalf of Sony/ATV Music Publishing LLC and Cocomarie Music Administered by
Sony/ATV Music Publishing LLC, 8 Music Square West, Nashville, TN 37203
All Rights on behalf of R-Rated Music Controlled and Administered by EMI April Music Inc.
International Copyright Secured All Rights Reserved

Chorus 1

E5 |Emaj7 |

    I've been spending all my   time just thinking 'bout you.

A |B |

    I don't know what to do; I think I'm falling for you.

E5 |Emaj7 |

    I've been waiting all my   life, and now I found you.

A |B |E5 |

    I don't know what to do; I think I'm falling for you.

Emaj7 |A |B ||

    I'm falling for you.

Verse 2

E5 |Emaj7 |

    As I'm standing here,   and you hold my hand,

A |B |

    Pull me towards you, and we start to dance.

E5 |Emaj7 |

    All around us,   I see nobody.

A |B

    Here in silence, it's just you and me.

Pre-Chorus 2

||A |E |F♯m7

I'm trying not to tell you, but I want to.

    |E

I'm scared of what you'll say,

     |A |G♯m   C♯m7

And so I'm hiding what I'm feeling,

     |F♯m7   E |A   B ||

But I'm tired   of   hold - ing this in - side my head.

Repeat Chorus 1

Bridge

C#m | |
     Oh, I just can't take   it.

F#m | |
     My heart is rac - ing.

A |G#m7 |B | ‖
     Emotions keep spilling out.

Chorus 2

E5 |Emaj7 |
     I've been spending all my;   time just thinking 'bout you.

A |B |
     I don't know what to do; I think I'm falling for you.

E5 |Emaj7 |
     I've been waiting all my;   life, and now I found you.

A |B |E5 |
     I don't know what to do; I think I'm falling for you.

Emaj7 |A |B   ‖
     I'm falling for you.   I think I'm falling for you.

Outro

E5 |Emaj7 |
     I guess I'm thinking 'bout it;   I want you all around me.

A |B |
     And now I just can't hide it; I think I'm falling for you.

E5 |Emaj7 |
     I guess I'm thinking 'bout it;   I want you all around me.

A |B |
     And now I just can't hide it; I think I'm falling for you.

E5 |Emaj7 |A |B |E5   ‖
     I'm falling for you.

Forget You

Words and Music by
Bruno Mars, Ari Levine, Philip Lawrence, Thomas Callaway and Brody Brown

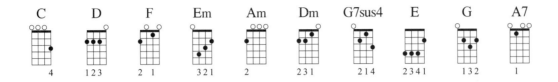

Intro　　C | 　　　　D | 　　　　F | 　　　　C |

Chorus

‖C 　　　　　　　　　　　D |
I see you driving 'round town with the girl I love

F 　　　　　C |
And I'm like, "Forget you!"　　(Ooh, ooh, ooh.)

|C 　　　　　　　D |
I guess the change in my pocket　wasn't enough.

F 　　　　　C |
I'm like, "Forget you! And for - get her too."

C | 　　　　D | 　　　　F |
Said, if I was richer, I'd still be with ya.

F 　　　　　　　　　　C |
　Ha, now ain't that some sh…?　　(Ain't that some sh…?)

|C 　　　　　　　D | 　　　　　　　F |
And although there's pain in my chest I still wish you the best with her.

F 　　　C |
　Forget you!　　(Ooh, ooh, ooh.)

Copyright © 2010 MARS FORCE MUSIC (ASCAP), BUGHOUSE (ASCAP), TOY PLANE MUSIC (ASCAP), ART FOR ART'S SAKE MUSIC (ASCAP),
ROC NATION MUSIC (ASCAP), MUSIC FAMAMANEM (ASCAP), CHRYSALIS MUSIC LTD. (BMI),
WESTSIDE INDEPENDENT MUSIC PUBLISHING LLC (ASCAP), THOU ART THE HUNGER (ASCAP),
LATE 80'S MUSIC (ASCAP) and NORTHSIDE INDEPENDENT MUSIC PUBLISHING LLC (ASCAP)
All Rights for MARS FORCE MUSIC, BUGHOUSE, TOY PLANE MUSIC and ART FOR ART'S SAKE MUSIC Administered by BUG MUSIC
All Rights for ROC NATION MUSIC and MUSIC FAMAMANEM Administered by EMI APRIL MUSIC INC.
All Rights for CHRYSALIS MUSIC LTD. in the U.S. and Canada Administered by CHRYSALIS SONGS
All Rights for WESTSIDE INDEPENDENT MUSIC PUBLISHING LLC, THOU ART THE HUNGER,
LATE 80'S MUSIC and NORTHSIDE INDEPENDENT MUSIC PUBLISHING LLC Administered by WB MUSIC CORP.
All Rights Reserved　Used by Permission

Verse 1

         ‖**C**   **D** | **F**
Yeah, I'm sorry, I can't afford a Fer - rari,

    |**F**   **C** |
But that don't mean I can't get you there.

                  |**C**   **D** |
I guess he's an Xbox and I'm more like A - tari.

            F | **C** |
Mm, but the way you play your game ain't fair.

Verse 2

                  ‖**C**
I pity the fool

D | **F** | **C** |
That falls in love with you, oh.   (Oh, sh… she's a gold digger.) Well…

C |
  (Just thought you should know, nigga.) Ooh.

D | **F** | **C** |
I've got some news for you: *Yeah, go run and tell your little boyfriend.*

Repeat Chorus

Verse 3

         ‖**C**   **D** | **F** |
Now I know that I had to borrow,

F   **C** |
Beg and steal and lie and cheat.

       |**C**   **D** |
Trying to keep ya, trying to please ya,

F | **C** |
'Cause being in love with your ass ain't cheap.

Verse 4

       ‖**C**
I pity the fool

D | **F** | **C** |
That falls in love with you, oh.   (Oh, sh… she's a gold digger.) Well…

C |
   (Just thought you should know, nigga.) Ooh.

D | **F** | **C** |
I've got some news for you: *Ooh, I really hate yo' ass right now.*

Repeat Chorus

Bridge

     ‖**Em** |**Am** |
Now baby, baby, baby, why d'you wanna, wanna, hurt me so bad?

Dm |**G7sus4**
   (So bad, so bad,   so bad.)

 |**Em**   **E** |**Am**   **G**   **C**   **A7** |
I tried to tell my mama but she told me, "This is one for your dad."

D |**G7sus4** |
   (Your dad, your dad,   your dad.)

D |**F** |**G7sus4** |**Am** **G**   **C** **A7** |
(Uh!) Why? (Uh!) Why? (Uh!) Why la - dy?

D |**F** |**G** |
Oh! I love you, oh! I still love you.

Repeat Chorus

From Me to You

Words and Music by
John Lennon and Paul McCartney

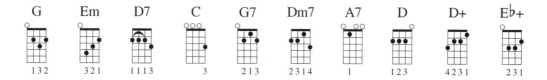

Intro

  |**G** |**Em**
Da da da da da dum dum da.
  |**G** |**Em**
Da da da da da dum dum da.

Verse 1

  ||**G** |**Em**
If there's anything that you want,
   |**G** |**D7**
If there's anything I can do,
  |**C** |**Em**
Just call on me and I'll send it along
   |**G** **D7** |**G**   **Em**
With love from me to you.

Verse 2

  ||**G** |**Em**
I've got everything that you want,
  |**G** |**D7**
Like a heart that's oh, so true.
 |**C** |**Em**
Just call on me and I'll send it along
   |**G** **D7** |**G** **G7**
With love from me to you.

Copyright © 1963 by NORTHERN SONGS LTD., London, England
Copyright Renewed
All rights for the U.S.A., its territories and possessions and Canada assigned to and controlled by GIL MUSIC CORP., 1650 Broadway, New York, NY 10019
International Copyright Secured All Rights Reserved

Bridge

```
      ‖Dm7                    |G7
I've got arms that long to hold you
      |C                     |
And keep you by my side.
         |A7                |
I've got lips that long to kiss you
      |D               |D+
And keep you satis - fied, ooh.
```

Repeat Verse 1

Interlude

```
      G          |Em                  |
                      From me
      G          |D7
                      To you.
      |C                      |Em
Just call on me and I'll send it along
         |G           D7         |G        G7
With love    from me    to you.
```

Repeat Bridge

Verse 3

```
           ‖G                    |Em
If there's anything that you want,
         |G                |D7
If there's anything I can do,
      |C                    |Em
Just call on me and I'll send it along
         |G           D7         |G
With love    from me    to you.
            |Em
To you,
            |E♭+
To you,
         |G                |Em             ‖
To you.
```

Half of My Heart

Words and Music by
John Mayer

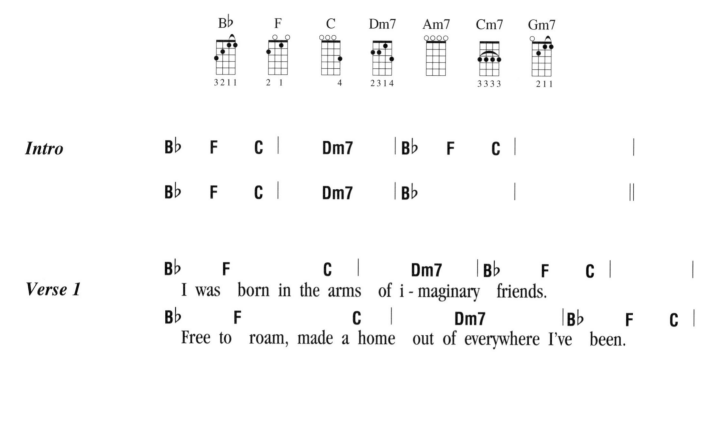

Intro

B♭   F   C | Dm7 |B♭   F   C | |

B♭   F   C | Dm7 |B♭ | ‖

Verse 1

B♭   F   C | Dm7 |B♭   F   C | |
I was born in the arms of i - maginary friends.

B♭   F   C | Dm7 |B♭   F   C |
Free to roam, made a home out of everywhere I've been.

Pre-Chorus 1

‖B♭ |F
Then you come on crashing in

|C |Dm7
Like the real - est thing.

|B♭ |F
Try'n' my best to understand

|C |
All that your love can bring.

Copyright © 2009 Sony/ATV Music Publishing LLC and Specific Harm Music
All Rights Administered by Sony/ATV Music Publishing LLC, 8 Music Square West, Nashville, TN 37203
International Copyright Secured   All Rights Reserved

Chorus 1

```
   ‖Bb        F          C  |      Dm7              |
```
Oh, half of my heart's got a grip   on the situation,
```
   Bb        F         C  |                        |
```
Half of my heart takes time.
```
   Bb        F          C  |      Dm7               |
```
Half of my heart's got a right   mind to tell you
```
       |Bb                |                         |
```
That I can't keep loving you (can't keep loving you),
```
   Bb           C                   ‖
```
   Oh, with half of my heart.

Interlude

```
   F        C     |Dm7    Bb  |F        C     |Dm7    Bb    ‖
```


Verse 2

```
   Bb     F          C  |        Dm7         |Bb   F    C  |          |
```
   I was   made to be - lieve I'd never love somebody   else.
```
   Bb     F          C  |        Dm7         |Bb   F    C  |
```
   Made a   plan, stay the man   who can only love him - self.

Pre-Chorus 2

```
   ‖Bb                       |F
```
Lone - ly was the song I sang
```
          |C           |Dm7
```
Till the day   you came,
```
          |Bb                  |F
```
And show - ing me another way
```
                |C           |
```
And all that my love   can bring.

Repeat Chorus 1

```
   F        C     |Dm7         Bb         |F        C     |Dm7    Bb
```
                  With half of my heart.
```
```

Bridge

        ‖F |Am7
Your faith   is strong

        |Cm7 |Gm7
But I can only fall short for so long.

             |F |Am7
Down the road   later on,

       |Cm7 |Gm7
You will hate that I never gave more to you

   |Bb |
Than half of my heart.

     |C |
But I can't stop loving you (I can't stop loving you).

|Bb |
I can't stop loving you (I can't stop loving you).

|C | |
I can't stop loving you with half of my,

Bb   F   C | Dm7 |Bb   F   C | ‖
Half of my heart,   oh, half of my heart.

Chorus 2

Bb   F   C | Dm7 |
Half of my heart's got a real good imagination,

Bb   F   C | |
Half of my heart's got you.

Bb   F   C | Dm7
Half of my heart's got a right mind to tell you

    |Bb   F   C| |
That half of my heart won't do.

Bb   F   C | Dm7
Half of my heart is a shot - gun wedding

       |Bb   F   C|
To a bride with a paper ring.

  |Bb   F   C | Dm7
And half of my heart is the part of a man

        |Bb   F   C | ‖
Who's never truly loved anything.

Outro

| B♭ | F | C | | Dm7 | B♭ | F | C | | |
Half of my heart,   oh, half of my heart.

| B♭ | F | C | | Dm7 | B♭ | F | C | | |
Half of my heart,   oh, half of my heart.

| B♭ | F | C | | Dm7 | B♭ | F | C | | |
Half of my heart,   oh, half of my heart.

| B♭ | F | C | | Dm7 | B♭ | F | C | | F ||
Half of my heart,   oh, half of my heart.

Happy Together

Words and Music by
Garry Bonner and Alan Gordon

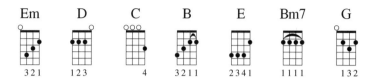

Verse 1

|**Em** |
Imagine me and you, I do.
      |**D** |
I think about you day and night; it's only right
      |**C** |
To think about the girl you love and hold her tight,
      |**B** |
So happy to - gether.

Verse 2

‖**Em** |
If I should call you up, invest a dime,
      |**D** |
And you say you be - long to me and ease my mind,
      |**C** |
Imagine how the world could be, so very fine,
      |**B** | ‖
So happy to - gether.

Copyright © 1966, 1967 by Alley Music Corp. and Bug Music-Trio Music Company
Copyright Renewed
International Copyright Secured   All Rights Reserved
Used by Permission

Chorus

```
         E              |Bm7              |E
I can see me lovin' nobody but you
                       |G                 |
For all my life.
         E                    |Bm7                |E
When you're with me, baby, the skies'll be blue
                       |G                    ||
For all my life.
```

Verse 3

```
         Em                       |
Me and you, and you and me,
                    |D                    |
No matter how they toss the dice, it had to be.
                |C                    |
The only one for me is you, and you for me,
                |B              |             ||
So happy to - gether.
```

Repeat Chorus

Repeat Verse 3

Interlude

```
         E                |Bm7
Ba ba ba ba      ba
     |E           |G              |
Ba ba ba ba ba ba.
         E              |Bm7
Ba ba ba ba      ba
     |E          |Bm7              |            ||
Ba ba ba ba ba ba.
```

Verse 4

Em

Me and you, and you and me,

                 |D

No matter how they toss the dice, it had to be.

              |C

The only one for me is you, and you for me,

     |B |Em

So happy to - gether,

     |B |Em

So happy to - gether.

      |B |Em

And how is the weather?

     |B |Em

So happy to - gether.

      |B |Em

We're happy to - gether,

     |B |Em

So happy to - gether,

     |B |E ||

So happy to - gether.

The Horizon Has Been Defeated

Words and Music by Jack Johnson

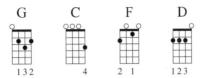

Verse 1

|G   C
(The) ho - rizon has been defeat - ed

|F   G |
By the pirates of the new age.

G   C
Alien casi - nos,

|F   G
Well, maybe it's just time to say

|G   C
That things can go bad

|F   G
And make you want to run away.

|G |C
But as we grow old - er,

|F |D | ‖
The trouble just seems to   stay.

Copyright © 2003 by Bubble Toes Publishing (ASCAP)
All Rights Administered by Universal Music Corp.
All Rights Reserved   Used by Permission

Verse 2

```
G                    C
Future complica - tions

     |F                        G
In the strings between the cans.

   |G                          C
But no prints can come from fin - gers

     |F                          G
If ma - chines become our hands.

         |G                      C
And then our feet become the wheels,

       |F                        G
And then the wheels become the cars.

       |G                    C
And then the rigs begin to drill

       |F              |D          |              ||
Until the drilling goes too    far.
```

Chorus

```
G                    C
Things can go bad

   |F                          G
And make you want to run away.

   |G              C
But as we grow old - er,

         |F              |D    C   |G      |D      C      |G        ||
(The) ho - rizon begins to    fade, fade,  fade,     fade  away.
```

50

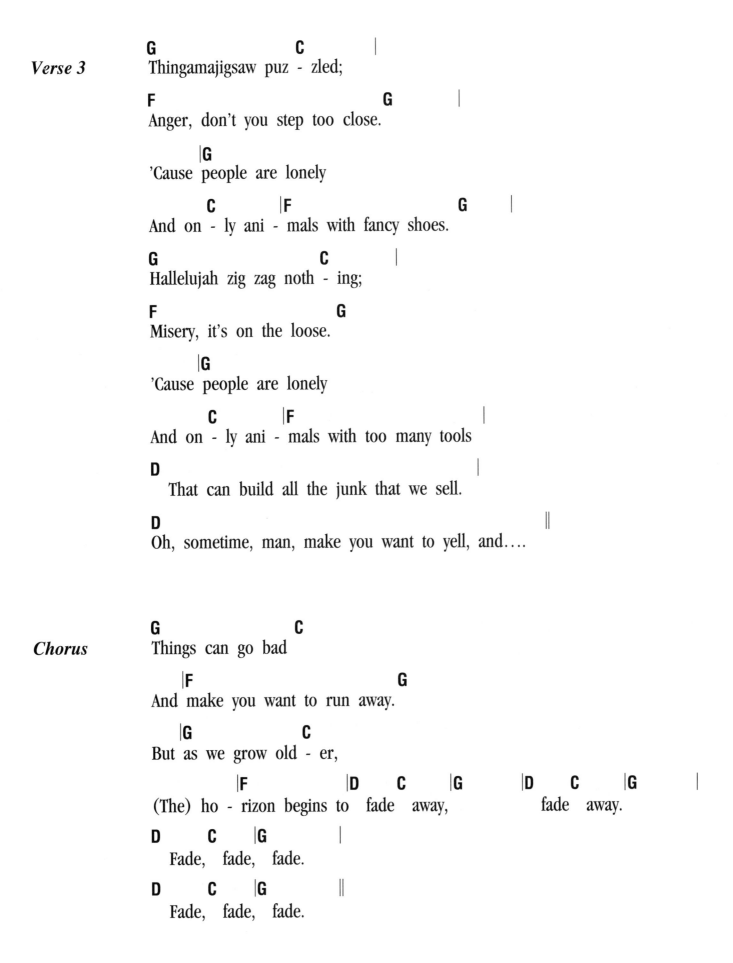

Verse 3

G   C |
Thingamajigsaw puz - zled;

F   G |
Anger, don't you step too close.

  |G
'Cause people are lonely

   C |F   G |
And on - ly ani - mals with fancy shoes.

G   C |
Hallelujah zig zag noth - ing;

F   G
Misery, it's on the loose.

  |G
'Cause people are lonely

   C |F |
And on - ly ani - mals with too many tools

D |
 That can build all the junk that we sell.

D ||
Oh, sometime, man, make you want to yell, and....

Chorus

G   C
Things can go bad

 |F   G
And make you want to run away.

  |G   C
But as we grow old - er,

    |F |D C |G |D C |G |
(The) ho - rizon begins to fade away,   fade away.

D C |G |
 Fade, fade, fade.

D C |G ||
 Fade, fade, fade.

I Love Rock 'n Roll

Words and Music by
Alan Merrill and Jake Hooker

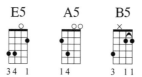

E5   A5   B5

Intro

| E5 | | | A5 | B5 | E5 | | |

| A5 | B5 | E5 | | | N.C. |

Verse 1

|| E5 | | | N.C.

I saw him dancing there   by the record ma - chine.

| E5 | | B5 | N.C.

I knew he must-a been   about seven - teen.

| A5 | B5 |

The beat was going strong,

E5 | A5 |

Playing my favorite song,

| A5 |

And I could tell it wouldn't be long

A5 | N.C. |

  Till he was with me, yeah, me.

| N.C. |

And I could tell it wouldn't be long

N.C. | B5 | ||

  Till he was with me, yeah, me, singing,

Copyright © 1975, 1982 Rak Publishing Ltd. for the World
Copyright Renewed 2003
All Rights for the U.S.A. and Canada Controlled by Finchley Music Corp.
Administered by Music & Media International, Inc.
International Copyright Secured   All Rights Reserved

Chorus 1

E5 |
"I love rock 'n roll,

  |**A5** |**B5** |
So put another dime in the jukebox, baby.

E5 |
I love rock 'n roll,

  |**A5** |**B5** |**E5** | | |**N.C.**
So come and take your time and dance with me."

Verse 2

  ||**E5** | | |**N.C.** |
He smiled, so I got up and asked for his name.

E5 | |**B5** |**N.C.**
"That don't matter," he said, "'cause it's all the same."

|**A5** |**B5** |
I said, "Can I take you home,   where

E5 |**A5** |
We can be a - lone?"

  |**A5** |
And next, we were moving on

         |**N.C.** |
And he was with me, yeah, me.

  |**N.C.** |
And next we were moving on,

        |**B5** | ||
And he was with me, yeah, me, singing,

Repeat Chorus 1

Interlude   **E5** | | | |

            E5 | |**B5** |**N.C.** |

Verse 3

A5 |B5 |
Said, "Can I take you home,   where

E5 |A5 | |
We can be a - lone?"

A5 |
Next we were moving on

                      |N.C. |
    And he was with me, yeah, me.

              |N.C.
And we'll be moving on

    |N.C. | | ||
And singing that same old song, yeah, with me! singing,

Chorus 2

N.C. |
"I love rock 'n roll,

  |N.C. | |
So put another dime in the jukebox, baby.

N.C. |
I love rock 'n roll,

  |N.C. | ||
So come and take your time and dance with me."

Chorus 3

E5 |
"I love rock 'n roll,

  |A5 |B5 |
So put another dime in the jukebox, baby.

E5 |
I love rock 'n roll,

  |A5 |B5 ||
So come and take your time and dance with..."

Repeat Chorus 3 (2x)

54

Chorus 4

E5

"I love rock 'n roll,

|A5   **|B5**

So put another dime in the jukebox, baby.

E5

I love rock 'n roll,

|A5   **|B5**   **E5**

So come and take your time and dance with me."

Just the Way You Are

Words and Music by
Bruno Mars, Ari Levine, Philip Lawrence, Khari Cain and Khalil Walton

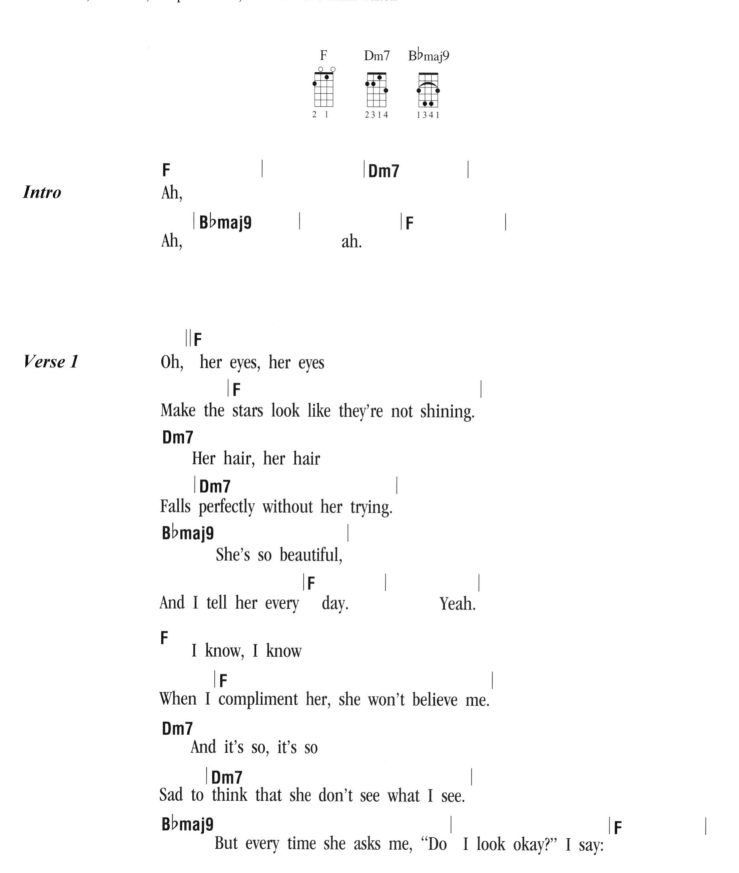

F   Dm7   B♭maj9

Intro

F | |Dm7 |
Ah,

|B♭maj9 | |F |
Ah,   ah.

Verse 1

‖F
Oh, her eyes, her eyes
|F |
Make the stars look like they're not shining.

Dm7
Her hair, her hair
|Dm7 |
Falls perfectly without her trying.

B♭maj9 |
She's so beautiful,
|F | |
And I tell her every   day.   Yeah.

F
I know, I know
|F |
When I compliment her, she won't believe me.

Dm7
And it's so, it's so
|Dm7 |
Sad to think that she don't see what I see.

B♭maj9 | |F |
But every time she asks me, "Do I look okay?" I say:

Copyright © 2010 MARS FORCE MUSIC, BUGHOUSE, NORTHSIDE INDEPENDENT MUSIC PUBLISHING, LLC, TOY PLANE MUSIC,
ART FOR ART'S SAKE MUSIC, MUSIC FAMAMANEM LP, ROC NATION MUSIC, UNIVERSAL MUSIC CORP.,
DRY RAIN ENTERTAINMENT and KHALIL WALTON PUBLISHING DESIGNEE
All Rights for MARS FORCE MUSIC and BUGHOUSE Administered by BUG MUSIC
All Rights for TOY PLANE MUSIC and ART FOR ART'S SAKE MUSIC Administered by BUG MUSIC on behalf of ARTHOUSE ENTERTAINMENT, LLC
All Rights for MUSIC FAMAMANEM LP and ROC NATION MUSIC Controlled and Administered by EMI APRIL MUSIC INC.
All Rights for DRY RAIN ENTERTAINMENT Controlled and Administered by UNIVERSAL MUSIC CORP.
All Rights Reserved   Used by Permission

Chorus 1

‖**F** |

When I see your face,

|**Dm7** |

There's not a thing   that I would change,

|**B♭maj9** | |**F** |

'Cause you're amaz   -   ing just the way you are.

|**F** |

And when you smile,

|**Dm7** |

The whole world stops   and stares for a while,

|**B♭maj9** | |**F** | ‖

'Cause, girl, you're amaz   -   ing just the way you are.   Yeah.

F

Verse 2   Her lips, her lips,

|**F** |

I could kiss them all day if she'd let me.

Dm7

   Her laugh, her laugh,

|**Dm7** |

She hates but I think it's so sexy.

B♭maj9 |

   She's so beautiful,

|**F** |

And I tell her every day.

|**F**

Oh, you know, you know, you know

|**F**

I'd never ask you to change.

|**Dm7**

If perfect's what you're searching for

|**Dm7**

Then just stay the same.

|**B♭maj9** |

So   don't even bother asking if   you look okay.

|**F** |

You know I'll say:

Chorus 2

‖**F** |

When I see your face,

   |**Dm7** |

There's not a thing that I would change,

    |**B♭maj9** | |**F** |

'Cause you're amaz - ing just the way you are.

     |**F** |

And when you smile,

    |**Dm7** |

The whole world stops and stares for a while,

     |**B♭maj9** | |**F** |

'Cause, girl, you're amaz - ing just the way you are,

F | |

 The way you are,

F |**Dm7** |

 The way you are.

    |**B♭maj9** | |**F** |

Girl, your amaz - ing just the way you are.

Repeat Chorus 1

Knockin' on Heaven's Door

Words and Music by
Bob Dylan

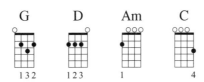

Verse 1

G   **D** |**Am** |
Mama, take   this badge from me.

G   **D** |**C** |
I can't use   it any more.

G   **D** |**Am** |
It's gettin' dark,   too dark to see.

G   **D** |**C**   ‖
Feels like I'm knockin' on heaven's door.

Chorus

G   **D** |**C** |
Knock, knock, knockin' on heaven's door.

G   **D** |**C** |
Knock, knock, knockin' on heaven's door.

G   **D** |**C** |
Knock, knock, knockin' on heaven's door.

G   **D** |**C**   ‖
Knock, knock, knockin' on heaven's door.

Verse 2

G   **D** |**Am** |
Mama, put   my guns in the ground.

G   **D** |**C** |
I can't shoot   them any more.

G   **D** |**Am** |
That cold black cloud is comin' down.

G   **D** |**C**   ‖
Feels like I'm knockin' on heaven's door.

Repeat Chorus (2x)

Copyright © 1973, 1974 Ram's Horn Music
International Copyright Secured All Rights Reserved

Knock Three Times

Words and Music by
Irwin Levine and Larry Russell Brown

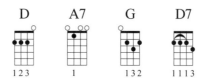

Verse 1

D
Hey, girl, what ya do-in' down there?

D   **A7**
Dancin' alone every night while I live right a-bove you.

A7
I can hear your music play-in',

A7
I can feel your body sway-in',

A7   **D**
One floor below me, you don't even know me, I love you.

Chorus

          G   **D**
Oh, my darlin', knock three times on the ceiling if you want me,

A7   **D**   **D7**
Twice on the pipe if the answer is no.

          G   **D**
Oh, my sweetness, *(3 knocks)* means you'll meet me in the hallway,

A7   **D**   **G** **A7**
Twice on the pipe means you ain't gonna show.

© 1970 (Renewed 1998) EMI SOSAHA MUSIC INC., 40 WEST MUSIC CORP. and IRWIN LEVINE MUSIC
All Rights for IRWIN LEVINE MUSIC in the U.S. Controlled and Administered by SPIRIT ONE MUSIC
All Rights Reserved   International Copyright Secured   Used by Permission

Verse 2

       ‖**D** | |
If you look out your win-dow tonight,

D | |**A7** | |
Pull in the string with the note that's attached to my heart.

A7 |
Read how many times I saw you,

 |**A7** |
How in my silence I adore you,

 |**A7** | |**D**
And only in my dreams did that wall between us come a-part.

Repeat Chorus (2X)

Kodachrome™

Words and Music by
Paul Simon

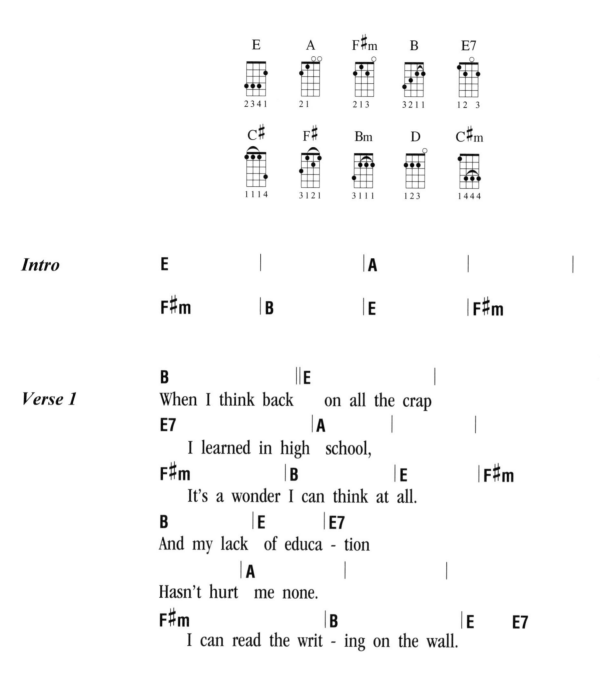

Intro

E | |A | | |

F#m |B |E |F#m

Verse 1

B ‖E |
When I think back on all the crap

E7 |A | |
I learned in high school,

F#m |B |E |F#m
It's a wonder I can think at all.

B |E |E7
And my lack of educa - tion

|A | |
Hasn't hurt me none.

F#m |B |E E7
I can read the writ - ing on the wall.

Copyright © 1973 Paul Simon (BMI)
International Copyright Secured   All Rights Reserved
Used by Permission

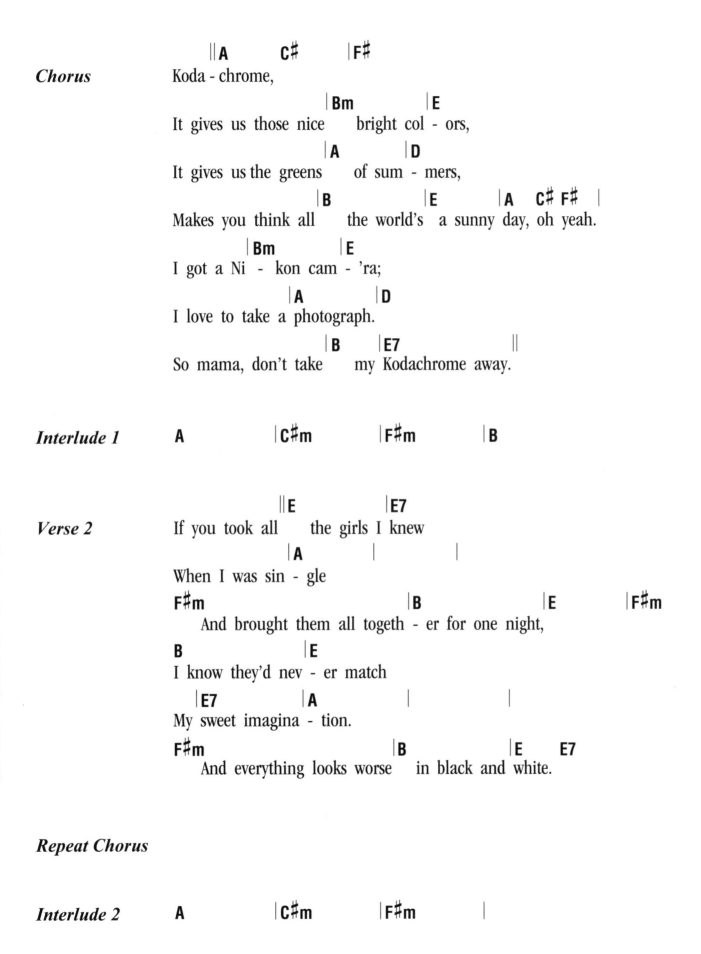

Chorus

```
            ||A        C#      |F#
            Koda - chrome,

                         |Bm           |E
            It gives us those nice    bright col - ors,

                         |A          |D
            It gives us the greens    of sum - mers,

                         |B          |E      |A   C# F#  |
            Makes you think all    the world's  a sunny day, oh yeah.

                    |Bm           |E
            I got a Ni - kon cam - 'ra;

                    |A          |D
            I love to take a photograph.

                       |B      |E7              ||
            So mama, don't take    my Kodachrome away.
```

Interlude 1   A |C#m |F#m |B

Verse 2

```
                  ||E           |E7
            If you took all    the girls I knew

                       |A          |          |
            When I was sin - gle

            F#m                          |B              |E          |F#m
               And brought them all togeth - er for one night,

            B          |E
            I know they'd nev - er match

             |E7          |A          |          |
            My sweet imagina - tion.

            F#m                          |B              |E      E7
               And everything looks worse   in black and white.
```

Repeat Chorus

Interlude 2   A |C#m |F#m |

63

Outro

```
                 ||A       |C♯m              |F♯m              |
```
Mama, don't take my Kodachrome away.
```
                  |A       |C♯m              |F♯m              |
```
Mama, don't take my Kodachrome away.
```
                   |A      |C♯m              |F♯m        |              |
```
Mama, don't take my Kodachrome away.
```
A                                         |C♯m                          |
```
Mama, don't take my Kodachrome, mama, don't take my Kodachrome,
```
F♯m                                    |            |
```
Mama, don't take my Kodachrome away.
```
A                                         |C♯m                          |
```
Mama, don't take my Kodachrome, leave your boy so far from home.
```
F♯m                                    |            |
```
Mama, don't take my Kodachrome away.
```
A                                         |C♯m         |
```
Mama, don't take my Kodachrome, ooh.
```
F♯m                                    |            |
```
Mama, don't take my Kodachrome away.
```
A          |C♯m         |F♯m        |              ||
```

Kokomo
from the Motion Picture COCKTAIL

Music and Lyrics by
John Phillips, Terry Melcher, Mike Love and Scott McKenzie

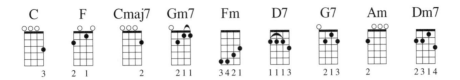

Intro

||**C**

A - ruba, Jamaica, ooh, I wanna take ya.

|**F**

Ber - muda, Bahama, come on, pretty mama.

|**C** |**F**

Key Largo, Montego, ba - by, why don't we go, Ja - maica.

Verse 1

Tacet ||**C** |**Cmaj7** |

Off the Florida Keys

Gm7 |**F** |

There's a place called Kokomo.

Fm |**C** |**D7** |**G7** |

That's where you want to go to get a - way from it all.

C |**Cmaj7** |

Bodies in the sand,

Gm7 |**F** |

Tropical drink melting in your hand.

Fm |

We'll be falling in love

C |**D7** |**G7**

To the rhythm of a steel drum band   down in Kokomo.

© 1988 Touchstone Pictures Music & Songs, Inc., Spirit Two Music, Inc., Buena Vista Music Company,
Daywin Music, Inc., Clairaudient Music Corporation and Spirit One Music
All Rights Reserved   Used by Permission

Chorus 1

‖C |

A - ruba, Jamaica, ooh, I wanna take you

       |F |

To Ber - muda, Bahama, come on, pretty mama.

 |C | |F

Key Largo, Montego, ooh, I wanna take you down to Kokomo.

  |Fm |C |

We'll get there fast and then we'll take it slow.

Am |Dm7   G7| |

That's where we wanna go.   Way down to Kokomo.

C | ‖

Martinique, that Monserrat mystique.

Verse 2

C |Cmaj7 |

  We'll put out to sea

Gm7 |F |

  And we'll perfect our chemistry.

Fm |C |D7 |G7 |

  By and by we'll defy   a little bit of gravity.

C |Cmaj7 |

  Afternoon delight,

Gm7 |F |

  Cocktails and moonlit nights.

Fm |

  That dreamy look in your eye,

C |D7 |G7

  Give me a tropical contact high   way down in Kokomo.

Chorus 2

‖ **C** |

A - ruba, Jamaica, ooh, I wanna take you

|**F** |

To Ber - muda, Bahama, come on, pretty mama.

|**C** | |**F**

Key Largo, Montego, ooh, I wanna take you down to Kokomo.

|**Fm** |**C** |

We'll get there fast and then we'll take it slow.

Am |**Dm7** **G7**| |

That's where we wanna go. Way down to Kokomo.

C | ‖

Port-au-Prince, I wanna catch a glimpse.

Interlude   **C** |**Cmaj7** |**Gm7** |**F** |

Fm |**C** |**D7** |**G7**   ‖

Verse 3

C |**Cmaj7** |

   Everybody knows

Gm7 |**F** |

   A little place like Kokomo.

Fm |**C** |**D7** |

   Now if you wanna go and get a - way from it all,

G7

   Go down to Kokomo.

Chorus 3

‖ **C** |

A - ruba, Jamaica, ooh, I wanna take you

|**F** |

To Ber - muda, Bahama, come on, pretty mama.

|**C** | |**F**

Key Largo, Montego, ooh, I wanna take you down to Kokomo.

|**Fm** |**C** |

We'll get there fast and then we'll take it slow.

Am |**Dm7** **G7**| |**C** ‖

That's where we wanna go. Way down to Koko - mo.

Lean on Me

Words and Music by
Bill Withers

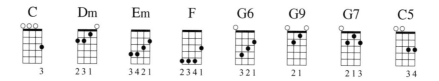

Intro   C   Dm Em F│   Em Dm C│   Dm Em G6│   G9   │

C   Dm Em F│   Em Dm C│   Dm Em G7│   C   ‖

Verse 1
C   Dm Em F   │   Em Dm   C   │
Sometimes in   our lives   we all have pain,
C   Dm Em   G6│   G9   │
We all have sor - row.
C   Dm Em F   │   Em   Dm   C   │
But if we are wise   we know that there's
C   Dm   Em G7   │   C
Al - ways to - mor - row.

Copyright © 1972 INTERIOR MUSIC CORP.
Copyright Renewed
All Rights Controlled and Administered by SONGS OF UNIVERSAL, INC.
All Rights Reserved   Used by Permission

Chorus 1

‖**C**   **Dm Em F** |

Lean on me   when you're   not strong,

F   **Em Dm** **C** |

And I'll be your friend;

C   **Dm Em G6**| **G9** |

I'll help you car - ry on,

C   **Dm** **Em F** | **Em** **Dm C** |

For it won't be long   till I'm gon - na need

C   **Dm Em G7**| **C** |

Somebod - y to lean   on.

C   **Dm Em** **F** | **Em Dm** **C** |

Please swallow   your pride   if I   have things

C   **Dm** **Em G6** | **G9** |

You need to bor - row,

C   **Dm** **Em F** | **Em Dm** **C** |

For no one can fill   those of your needs

C   **Dm Em** **G7**| **C**

That you won't let   show.

Bridge

‖**C5** |

You just call on me, brother, when you need a hand.

|**C5** |

We all need somebody to lean   on.

|**C5** |

I just might have a problem that you'll understand.

|**C5**   **G7** | **C**

We all need somebody to lean   on.

Chorus 2

```
             ‖ C              Dm Em F      |
Lean on me      when you're    not strong,

  F       Em Dm  C      |
  And I'll be your friend;

  C    Dm  Em  G6 |   G9        |
  I'll help you car - ry on,

  C    Dm  Em F   |        Em  Dm C    |
For it won't be long    till I'm gon - na need

  C            Dm Em G7 |   C
  Somebod - y  to  lean    on.
```

Repeat Bridge

Verse 2

```
  C       Dm Em F   |      Em  Dm C    |
If there is  a   load    you have to  bear

  C     Dm  Em  G6 |   G9        |
  That you can't    car - ry,

  C        Dm  Em F  |       Em   Dm  C    |
I'm right up  the road.    I'll share your load

  C   Dm  Em  G7 |  C                ‖
  If you just call    me.
```

Outro

Dm   C |
(Call   me) if you need a friend.

Dm   C |
(Call   me.) Call   me. Uh huh.

Dm   C |
(Call   me) if you need a friend.

Dm   C |**Dm**   **C** |
(Call   me.) If you ever need   a friend,   call me.

Dm   C |
(Call   me.) Call   me.

Dm   C |
(Call   me.) Call   me.

Dm   C |
(Call   me.) Call   me.

Dm   C |
(Call   me) if you need a friend.

Dm   C |
(Call   me.) Call   me.

Dm   C |
(Call   me.) Call   me.

Dm   C |
(Call   me.) Call   me.

Dm   C |
(Call   me.) Call   me.

Dm   C   ‖
(Call   me.)

The Letter

Words and Music by
Wayne Carson Thompson

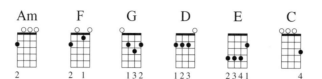

Verse 1

Am   **F**
Give me a ticket for an aeroplane.
G   **D**
Ain't got time to take a fast train.
Am
Lonely days are gone,
F
I'm a-goin' home.
    E   **Am**
My baby just wrote me a letter.

Verse 2

Am   **F**
I don't care how much money I gotta spend.
G   **D**
Got to get back to my baby again.
Am
Lonely days are gone,
F
I'm a-goin' home.
    E   **Am**
My baby just wrote me a letter.

© 1967 (Renewed) Budde Songs, Inc.
All Rights Reserved   Used by Permission

Bridge

       ‖**C**   **G**
Well, she wrote me a let‑ter,

      |**F**   **C** |**G** | |
Said she couldn't live without me no more.

C   **G**
Listen to me, mister, can't you see

 |**F**   **C** |**G** |
I got to get back to my baby once more?

E   ‖
   Anyway...

Repeat Verse 1

Repeat Bridge

Verse 3

Am |**F** |
Give me a ticket for an aeroplane.

G |**D** |
Ain't got time to take a fast train.

Am |
Lonely days are gone,

F
I'm a-goin' home.

 |**E** |**Am**
My baby just wrote me a letter.

 |**E** |**Am**   ‖
My baby just wrote me a letter.

Lookin' Out My Back Door

Words and Music by John Fogerty

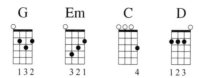

Verse 1

G
Just got home from Illinois.

Em
Lock the front door, oh boy!

C |**G** |**D**
Got to sit down, take a rest on the porch.

|**G**
I - magination sets in.

Em
Pretty soon I'm singin'.

C |**G** |**D** |**G**
Doo, doo, doo, lookin' out my back door.

Copyright © 1970 Jondora Music
Copyright Renewed
International Copyright Secured   All Rights Reserved

Verse 2
    ‖**G** |
There's a giant doing cartwheels,

  |**Em** | |
A statue wearin' high heels.

C |**G** |**D** |
Look at all the happy creatures dancing on the lawn.

  |**G** | |
A dinosaur Vic - trola

Em | |
Listening to Buck Owens.

C |**G** |**D** |**G**   ‖
Doo, doo, doo, lookin' out my back door.

Chorus 1
D |
Tambourines and elephants

  |**C** |**G**
Are playing in the band.

    |**G** |**Em** |**D** | |
Won't you take a ride   on the flyin' spoon? Doo, doo doo.

G |
Wondrous appa - rition

  |**Em** | |
Pro - vided by ma - gician.

C |**G** |**D** |**G**   ‖
Doo, doo, doo, lookin' out my back door.

Chorus 2

D |
Tambourines and elephants

  |C |G
Are playing in the band.

    |G |Em |D | |
Won't you take a ride   on the flyin' spoon? Doo, doo doo.

G |
Bother me to - morrow.

  |Em | |
To - day, I'll buy no sorrows.

C |G |D |G ||
Doo, doo, doo, lookin' out my back door.

Verse 3

G | |
Forward troubles Illinois.

Em | |
Lock the front door, oh boy!

C |G |D | |
Look at all the happy creatures dancing on the lawn.

G |
Bother me to - morrow.

  |Em | |
To - day, I'll buy no sorrows.

C |G |D |G ||
Doo, doo, doo, lookin' out my back door.

Mrs. Robinson

Words and Music by
Paul Simon

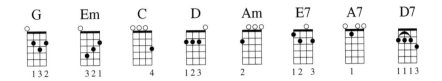

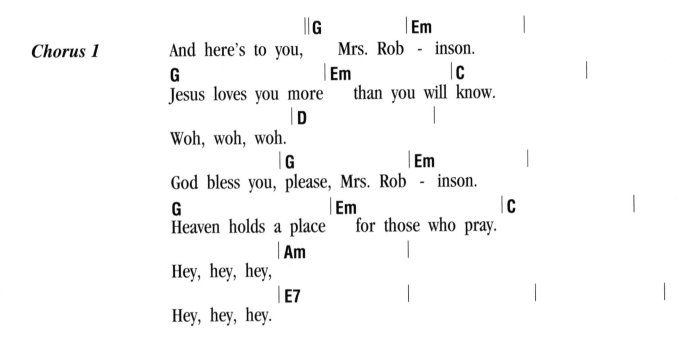

Chorus 1

‖**G** |**Em** |
And here's to you,   Mrs. Rob - inson.

G |**Em** |**C** |
Jesus loves you more   than you will know.

           |**D** |
Woh, woh, woh.

         |**G** |**Em** |
God bless you, please, Mrs. Rob - inson.

G |**Em** |**C** |
Heaven holds a place   for those who pray.

         |**Am** |
Hey, hey, hey,

         |**E7** | | |
Hey, hey, hey.

Verse 1

      ‖**E7** |
We'd like to know a lit - tle bit

      |**E7** | |
About   you for our files.

      |**A7** | | | |
We'd like to help you learn to help your - self.

D |**G**
   Look around you; all   you see

   |**C** |**Am** | |
Are sympathetic eyes.

E7 | |**D7** |
   Stroll around   the grounds un - til you feel at home.

Copyright © 1968, 1970 Paul Simon (BMI)
International Copyright Secured   All Rights Reserved
Used by Permission

Repeat Chorus 1

Verse 2

E7
    Hide it in a hid - ing place
     E7
Where no one ever goes.
A7
    Put it in your pan - try with your cup - cakes.
D   G
    It's a little se - cret,
        C   Am
Just the Rob - insons' affair.
E7   D7
    Most of all, you've got to hide it from the kids.

Chorus 2

            G   Em
Coo, coo, cachoo,   Mrs. Rob - inson.
G   Em   C
Jesus loves you more   than you will know.
       D
Woh, woh, woh.
      G   Em
God bless you, please, Mrs. Rob - inson.
G   Em   C
Heaven holds a place   for those who pray.
      Am
Hey, hey, hey,
      E7
Hey, hey, hey.

Verse 3

```
E7                        |
  Sitting on a so - fa
    |E7                 |                    |                    |
On a Sunday afternoon,
A7                       |                    |                    |
  Going to the can  -  didates' debate,
D                    |G              |
  Laugh about it, shout   about it.
C                            |Am            |              |
When you've got to choose,
E7                    |              |D7            |
  Every way you look   at it, you lose.
```

Chorus 3

```
                        |G            |Em
Where have you gone,      Joe DiMag - gio?
  |G              |Em          |C              |
A nation turns its lonely eyes to you.
                   |D                  |
Woo, woo, woo.
                   |G            |Em              |
What's that you say, Mrs. Rob - inson?
G              |Em                  |C            |
"Joltin' Joe" has left and gone away.
                  |Am              |
Hey, hey, hey,
                  |E7          |              |              |              ||
Hey, hey, hey.
```

Me and Bobby McGee

Words and Music by
Kris Kristofferson and Fred Foster

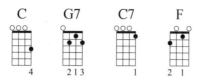

Verse 1

C
Busted flat in Baton Rouge,   headin' for the trains,

C   **G7**
Feelin' nearly faded as my jeans.

G7
        Bobby thumbed a diesel down   just before it rained,

G7   **C**
        Took us all the way to New Orleans.

C
I took my har - poon out of my dirty red ban - dana

     C   **C7**   **F**
And was blowin' sad while Bobby sang the blues.

     F   **C**
With them windshield wipers slappin' time and Bobby clappin' hands,

     G7   **C**
We finally sang up every song that driver knew.

Chorus 1

F   **C**
      Freedom's just an - other word for nothin' left to lose.

G7   **C**
      Nothin' ain't worth nothin', but it's free.

F   **C**
      Feelin' good was easy, Lord, when   Bobby sang the blues,

G7
      And feelin' good was good enough for me,

G7   **C**
      Good enough for me and Bobby Mc - Gee.

© 1969 (Renewed 1997) TEMI COMBINE INC.
All Rights Controlled by COMBINE MUSIC CORP. and Administered by EMI BLACKWOOD MUSIC INC.
All Rights Reserved   International Copyright Secured   Used by Permission

Verse 2

‖**C** | | | |
From the coal mines of Ken - tucky to the California sun,

C | |**G7** | |
Bobby shared the secrets of my soul.

G7 | | | |
    Standin' right be - side me, Lord, through   everything I done,

G7 | |**C** |
    And every night she kept me from the cold.

|**C** | | | |
Then somewhere near Sa - linas, Lord, I let her slip a - way,

C |**C7** |**F** |
Lookin' for the home I hope she'll find.

|**F** | |**C** | |
And I'd trade all of my to - morrows for a single yester - day,

G7 | |**C** | ‖
Holdin' Bobby's body next to mine.

Chorus 2

F | |**C** | |
    Freedom's just an - other word for nothin' left to lose.

G7 | |**C** | |
    Nothin' left is all she left for me.

F | |**C** | |
    Feelin' good was easy, Lord, when   Bobby sang the blues,

G7 | | | |
  And, buddy, that was good enough for me,

G7 | |**C** | ‖
    Good enough for me and Bobby Mc - Gee.

On and On

Words and Music by
Stephen Bishop

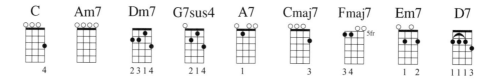

Verse 1

C   Am7 |C   Am7 |
Down in Jamaica they got lots of pretty women.

C   Am7 |Dm7   G7sus4|
Steal your money, then they   break your heart.

C   Am7 |C   Am7
Lone-some Sue, she's in love with ol' Sam.

|Dm7   G7sus4 |C   A7
Take   him from the fire into the frying pan.

Chorus 1

‖Dm7 |G7sus4 |
On and on, she just keeps   on trying.

Cmaj7 |A7
And she smiles when she feels like crying.

|Dm7 |G7sus4 |C Am7 |C Am7 ‖
On   and on, on and on, on and on.

Verse 2

C   Am7 |C   Am7
Poor ol' Jimmy sits a - lone in the moonlight.

C   Am7 |Dm7   G7sus4
Saw his woman kiss an - other man.

|C   Am7 |C   Am7 |
So he takes a   ladder; steals the stars from the sky.

Dm7   G7sus4 |C   A7
Puts on Sinatra and starts to cry.

Copyright © 1975 STEPHEN BISHOP MUSIC PUBLISHING
Copyright Renewed
All Rights Controlled and Administered by SONGS OF UNIVERSAL, INC.
All Rights Reserved Used by Permission

Chorus 2

```
        ‖Dm7                |G7sus4                    |
On and on, he just keeps            on trying.

Cmaj7                              |A7
    And he smiles when he feels    like crying.

    |Dm7                |G7sus4           |C  Am7 |C  Am7
On       and on, on and on, on and on.
```

Bridge

```
            ‖Fmaj7                    |Em7
When the        first time is the last      time,

        | Dm7          G7sus4        |Cmaj7
It can make you feel          so bad.

        |Fmaj7          |Em7
But if you know it, show      it.

        |Am7    D7          |G7sus4                    |        |C  Am7 |C  Am7
Hold     on tight, don't let          her say goodnight.
```

Verse 3

```
        ‖C          Am7                  |C          Am7         |
Got the   sun on my shoulders and my   toes in the sand.

C       Am7                  |Dm7        G7sus4
   Wom-an's left me for some        other man.

        |C  Am7              |C              Am7 |
Ah, but   I don't care. I'll just dream and stay tan.

Dm7         G7sus4          |C          A7
    Toss up my heart to see   where it lands.
```

Chorus 3

```
            ‖Dm7                |G7sus4                |
On and on,  I just keep            on trying.

Cmaj7                          |A7
    And I smile when I feel     like dying.

    |Dm7                |G7sus4           |C  Am7 |
On       and on, on and on, on and on.
```

Outro

```
        C  Am7          ‖Dm7            |G7sus4                    |C  Am7 |C
        On  and on,        on and on,          on and on.

A7              |Dm7            |G7sus4                    |C  Am7 |C  Am7 |C  Am7 |C          ‖
On and on,        on and on,          on and on.
```

One Love

Words and Music by
Bob Marley

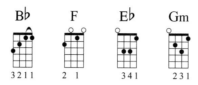

Intro

| B♭ | F | E♭ B♭ | F B♭ ‖

Chorus 1

B♭ |F |
One love,   one heart.

E♭   B♭ |F   B♭
Let's get to - gether and feel all right.

|B♭
Hear the children crying. (One love.)

|F
Hear the children crying. (One heart.)

|E♭   B♭ |F   B♭
Saying, "Give thanks and praise to the Lord and I will feel all right."

|E♭   B♭ |F   B♭   ‖
Saying, "Let's get to - gether and feel all right."   Woh, woh, woh, woh.

Verse 1

B♭   Gm |E♭   B♭ |
Let them all pass all their   dirty re - marks. (One love.)

Gm |E♭   F   B♭ |
There is one question I'd really love to ask. (One heart.)

Gm |E♭   B♭
Is there a place for the   hopeless sinner

|B♭   Gm |E♭ F   B♭   ‖
Who has   hurt all man - kind just to   save his own?   Believe me.

Copyright © 1968 Fifty-Six Hope Road Music Ltd. and Odnil Music Ltd.
Copyright Renewed
All Rights in North America Administered by Blue Mountain Music Ltd./Irish Town Songs (ASCAP)
and throughout the rest of the world by Blue Mountain Music Ltd. (PRS)
All Rights Reserved

Chorus 2

Bb |F |

One love,   one heart.

Eb   Bb |F   Bb

Let's get to - gether and feel all right.

|Bb

As it was in the be - ginning, (One love.)

|F

So shall it be in the end. (One heart.)

|Eb   Bb |F   Bb

Alright, "Give thanks and praise to the Lord and I will feel all right."

|Eb   Bb |F   Bb ||

Saying, "Let's get to - gether and feel all right."   One more thing.

Verse 2

Bb   Gm |Eb   Bb |

Let's get to - gether to fight this Holy Arma - geddon, (One love.)

Gm |Eb F   Bb |

So when the Man comes there will be no, no doom.   (One song.)

Gm |Eb   Bb

Have pity on those whose chanc - es grow thinner.

|Bb   Gm |Eb   F   Bb ||

There ain't no hiding place from the Father of Crea - tion. Saying:

Chorus 3

B♭ |F |
  One love, one heart.

E♭   B♭ |F   B♭
Let's get to - gether and feel all right.

       |B♭
I'm pleading to mankind. (One love.)

    |F
Oh, Lord. (One heart.) Woh.

  |E♭   B♭ |F   B♭ |
"Give thanks and praise to the Lord and I will feel all right."

E♭ |B♭ |F   B♭
"Let's get to - gether and feel all right."

  |E♭   B♭ |F   B♭ |
"Give thanks and praise to the Lord and I will feel all right."

E♭   B♭ |F   B♭ ||
"Let's get to - gether and feel all right."

Rocky Mountain High

Words and Music by
John Denver and Mike Taylor

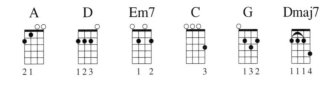

A   D   Em7   C   G   Dmaj7

Verse 1

A |D | |Em7 |C   A
He was born   in the sum-mer of his twenty-seventh year,

|D | |Em7 |G   A
Comin' home to a place he'd never been before.

|D | |Em7 |C   A
He left yesterday behind him, you might say he was born again,

|D | |Em7 |G   A
You might say he found a key for every door.

Verse 2

||D | |Em7 |C
When he first came to the moun-tains his life was far away,

A |D | |Em7 |G   A
On the road   and hangin' by a song.

|D | |Em7 |C   A
But the string's already bro-ken and he doesn't really care,

|D | |Em7 |G   A
It keeps changin' fast, and it don't last for long.

Chorus 1

||G |A |D |
But the Colorado Rocky Mountain high,

G |A |D |
I've |seen it rainin' fire   in the sky.

|G |A |D   Em7 Dmaj7 |G | | |
The shadow from the star - light is softer than a lull - a - by.

|D | |Em7 |G
Rocky Mountain high,

A |D | |Em7 |G   A
Rocky Mountain high.

Copyright © 1972; Renewed 2000 BMG Ruby Songs (ASCAP) and Chrysalis One Music (ASCAP)
Copyright Renewed and Assigned to Anna Kate Deutschendorf, Zachary Deutschendorf and Jesse Belle Denver
All Rights for Anna Kate Deutschendorf and Zachary Deutschendorf Administered by BMG Chrysalis
All Rights for Jesse Belle Denver Administered by WB Music Corp.
International Copyright Secured   All Rights Reserved

Verse 3

     ‖**D** | |**Em7** |**C** **A**
He climbed Cathedral Moun-tains, he saw silver clouds below,

     |**D** | |**Em7** |**G** **A**
He saw everything as far as you can see.

      |**D** | |**Em7** |**C** **A**
And they say that he got cra-zy once and he tried to touch the sun,

     |**D** | |**Em7** |**G** **A**
And he lost a friend but kept his memory.

Verse 4

     ‖**D** | |**Em7** |**C**
Now he walks in quiet sol-itude the forests and the streams,

A |**D** | |**Em7** |**G** **A**
Seeking grace in every step he takes.

     |**D** | |**Em7** |**C** **A**
His sight has turned inside himself to try and understand

     |**D** | |**Em7** |**G** **A**
The se-renity of a clear blue mountain lake.

Chorus 2

     ‖**G** |**A** |**D** |
And the Colorado Rocky Mountain high,

 |**G** |**A** |**D** | |**G**
I've seen it rainin' fire in the sky.

     |**A** |**D** **Em7** **Dmaj7**|**G** | | |
Talk to God and listen to the cas - ual re - ply.

     |**D** | |**Em7** |**G**
Rocky Mountain high,

     A |**D** | |**Em7** |**G** **A**
Rocky Mountain high.

Verse 5

```
   ‖D                    |              |Em7                        |C  A
Now his life is full of won-der but his heart still knows some fear
```

```
    |D                   |              |Em7       |G  A
Of a simple thing he cannot compre-hend:
```

```
      |D                 |              |Em7                 |C  A
Why they try to tear the moun-tains down to bring in a couple more
```

```
    |D                   |              |Em7      |G  A
More people, more scars upon the land.
```

Chorus 3

```
       ‖G        |A              |D        |
And the Colorado Rocky Mountain high,
```

```
    |G             |A        |D      |
I've seen it rainin' fire  in the sky.
```

```
   |G                 |A           |D          Em7 Dmaj7 |G  |   |    |
I know he'd be a poor - er man if he never saw an ea - gle      fly.
```

```
               |D      |   |Em7    |G
Rocky Mountain high,
```

```
     A          |D      |
Rocky Mountain high.
```

Outro-Chorus

```
      ‖G          |A              |D       |
It's a Colorado Rock - y Mountain high,
```

```
    |G             |A        |D    |   |
I've seen it rainin' fire  in the sky.
```

```
  G                      |A       |D      Em7 D |G  |    |      |
Friends around the camp - fire and everybod - y's high.
```

```
               |D      |   |Em7    |G
Rocky Mountain high,
```

```
     A          |D      |   |Em7    |G
Rocky Mountain high,
```

```
     A          |D      |   |Em7    |G
Rocky Mountain high,
```

```
     A          |D      |   ‖
Rocky Mountain high.
```

Puff the Magic Dragon

Words and Music by
Lenny Lipton and Peter Yarrow

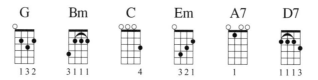

Verse 1

G |Bm |C |G
Puff, the magic dragon lived by the sea

  |C |G   Em |A7 |D7 |
And frolicked in the autumn mist in a land called Honah-Lee.

G |Bm |C |G
Little Jackie Paper loved that rascal, Puff,

  |C |G   Em |A7 D7 |G D7 ||
And brought him strings and sealing wax and other fancy stuff, oh!

Chorus

G |Bm |C |G
Puff, the magic dragon lived by the sea

  |C |G   Em |A7 |D7 |
And frolicked in the autumn mist in a land called Honah-Lee.

G |Bm |C |G
Puff, the magic dragon lived by the sea

  |C |G   Em |A7   D7 |G
And frolicked in the autumn mist in a land called Honah-Lee.

Copyright © 1963; Renewed 1991 Honalee Melodies (ASCAP) and Silver Dawn Music (ASCAP)
Worldwide Rights for Honalee Melodies Administered by BMG Chrysalis
Worldwide Rights for Silver Dawn Music Administered by WB Music Corp.
International Copyright Secured   All Rights Reserved

Verse 2

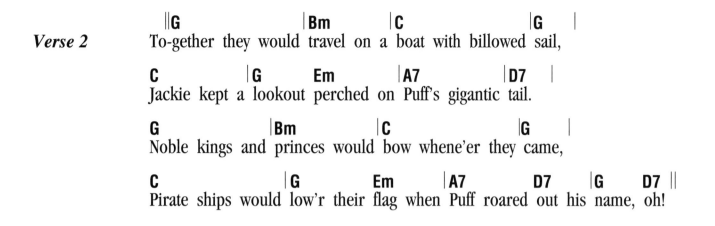

```
  ‖G                    |Bm        |C                 |G        |
To-gether they would travel on a boat with billowed sail,

  C          |G    Em      |A7          |D7     |
Jackie kept a lookout perched on Puff's gigantic tail.

  G                    |Bm        |C                 |G        |
Noble kings and princes would bow whene'er they came,

  C                |G    Em      |A7        D7    |G    D7 ‖
Pirate ships would low'r their flag when Puff roared out his name, oh!
```

Repeat Chorus

Verse 3

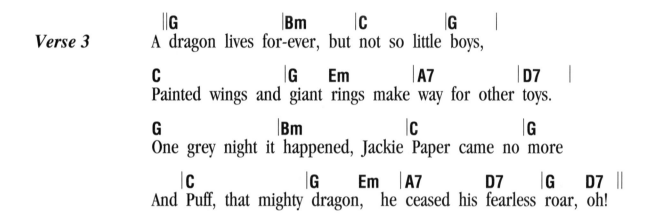

```
  ‖G                    |Bm        |C              |G        |
A dragon lives for-ever, but not so little boys,

  C                |G    Em      |A7          |D7     |
Painted wings and giant rings make way for other toys.

  G                    |Bm              |C              |G
One grey night it happened, Jackie Paper came no more

    |C                |G    Em   |A7        D7    |G    D7 ‖
And Puff, that mighty dragon,  he ceased his fearless roar, oh!
```

Repeat Chorus

Verse 4

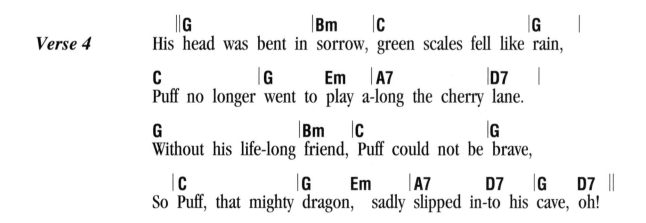

```
  ‖G                    |Bm    |C                 |G        |
His head was bent in sorrow, green scales fell like rain,

  C          |G    Em  |A7          |D7     |
Puff no longer went to play a-long the cherry lane.

  G                    |Bm    |C                 |G
Without his life-long friend, Puff could not be brave,

    |C                |G    Em   |A7        D7    |G    D7 ‖
So Puff, that mighty dragon,  sadly slipped in-to his cave, oh!
```

Repeat Chorus

Ring of Fire

Words and Music by
Merle Kilgore and June Carter

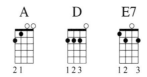

A   D   E7

Verse 1

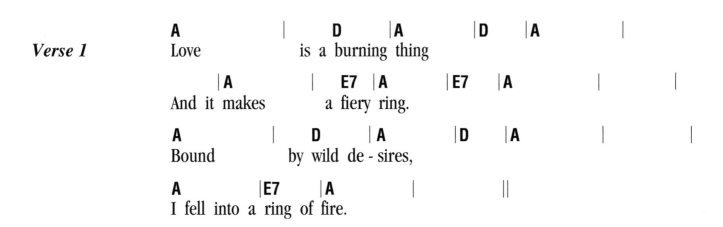

A | D |A |D |A |
Love   is a burning thing

           |A | E7 |A |E7 |A | |
And it makes   a fiery ring.

A | D |A |D |A | |
Bound   by wild de - sires,

A |E7 |A | ||
I fell into a ring of fire.

Chorus

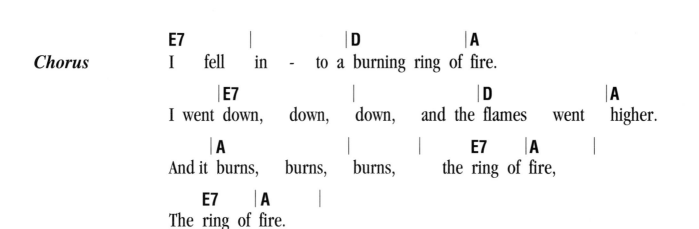

E7 | |D |A
I   fell   in -   to a burning ring of fire.

          |E7 | |D |A
I went down,   down,   down,   and the flames   went   higher.

      |A | | E7 |A |
And it burns,   burns,   burns,   the ring of fire,

E7 |A |
The ring of fire.

Copyright © 1962, 1963 Painted Desert Music Corporation, New York
Copyright Renewed
International Copyright Secured   All Rights Reserved
Used by Permission

Verse 2

  ‖**A** | **D** |**A** |**D** |**A** |
The taste   of love is sweet

   |**A** | **E7** |**A** |**E7** |**A** | |
When hearts   like ours meet.

A |**D** |**A** | |**D** |**A** | |
I fell for you like a child

A | **E7** |**A** | ‖
Oh,   but the fire went wild.

Repeat Chorus

Tag

    ‖**A** | | **E7** |**A** |
And it burns, burns, burns,   the ring of fire,

E7 |**A** | **E7** |**A**   ‖
The ring of fire,   the ring of fire.

Runaway

Words and Music by
Del Shannon and Max Crook

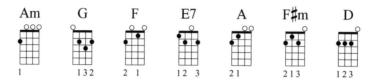

Verse

Am | **G** |
    As I walk along I wonder

G | **F**
What went wrong with our love,

| **F** | **E7** | |
A love that was so strong.

Am | **G**
    And as I still walk on I think of

| **G** | **F** |
The things we've done to-gether

F | **E7** | ||
While our hearts were young.

© 1961 (Renewed 1989) BUG MUSIC, INC. and MOLE HOLE MUSIC (BMI)/Administered by BUG MUSIC
All Rights Reserved   Used by Permission

Chorus

A
I'm a-walkin' in the rain.

F♯m
Tears are fallin' and I feel a pain,

A
A-wishin' you were here by me

F♯m
To end this misery.

|**A** | |**F♯m** | |
And I wonder, wo-wo-wo-wo-wonder

A | |**F♯m** |
Why, why-why-why-why-why she ran a-way,

|**D** | |**E7** |
And I wonder where she will stay,

|**A** |**D** |**A** |**E7** ||
My little runaway, run-run-run-run-runaway.

Repeat Verse

Repeat Chorus

Say

Words and Music by
John Mayer

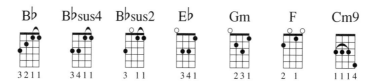

Intro   Bb   Bbsus4 |Bb   Bbsus2 |Bb   Bbsus4 |Bb   Bbsus2

Verse 1

‖Bb   Bbsus4 |Bb   Bbsus2
Take all of your wasted hon - or,

|Bb   Bbsus4 |Bb   Bbsus2
Every little past frustra - tion.

|Bb   Bbsus4 |Bb   Bbsus2
Take all your so-called prob - lems,

|Bb   Bbsus4 |Bb   Bbsus2
Better put 'em in quota - tions.

Chorus 1

‖Bb Eb |Gm   F
Say what you need to say. Say what you need to say.

|Bb Eb |Gm   F
Say what you need to say. Say what you need to say.

|Bb Eb |Gm   F
Say what you need to say. Say what you need to say.

|Bb Eb |Gm   F   ‖
Say what you need to say. Say what you need to say.

Interlude   Bb   Bbsus4 |Bb   Bbsus2

Copyright © 2006 Sony/ATV Music Publishing LLC and Specific Harm Music
All Rights Administered by Sony/ATV Music Publishing LLC, 8 Music Square West, Nashville, TN 37203
International Copyright Secured All Rights Reserved

Verse 2

```
                    ‖Bb        Eb   |Gm       F
Walking like a one-man army,
                      |Bb       Eb           |Gm       F
Fighting with the shadows in your head.
                    |Bb       Eb       |Gm       F
Living out the same old moment,
                      |Bb       Eb       |Gm               F
Knowing you'd be better off instead.    If you could on - ly
```

Repeat Chorus 1

Bridge

```
Cm9                 |Bb              F           |
    Have no fear     for giving in.
Cm9                 |Bb              F               |
    Have no fear     for giving over.
Cm9                     |Bb           F
    You'd better know    that in the end
                    |Bb
It's better to say    too much
                        |F                           |Bb    Bbsus4 |Bb    Bbsus2
Than never to say   what you need to say again.
```

Verse 3

```
                    ‖Bb          Eb   |Gm       F
Even if your hands are shak - ing
                  |Bb        Eb   |Gm       F
And your faith is bro - ken;
                    |Bb         Eb   |Gm       F
Even as the eyes are clos - ing,
                      |Bb         Eb   |Gm       Eb
Do it with a heart wide o - pen.
```

Chorus 2

||**Gm**   **B♭** |**E♭**

Say what you need to say. Say what you need to say.

|**Gm**   **B♭** |**E♭**

Say what you need to say. Say what you need to say.

|**Gm**   **B♭** |**E♭**

Say what you need to say. Say what you need to say.

|**Gm**   **B♭** |**E♭**

Say what you need to say. Say what you need to say.

|**Gm**   **B♭** |**E♭**

Say what you need to say. Say what you need to say.

|**Gm**   **B♭** |**E♭**

Say what you need to say. Say what you need to say.

|**Gm**   **B♭** |**E♭**

Say what you need to say. Say what you need to say.

|**Gm**   **B♭** |**E♭**

Say what you need to say. Say what you need to say.

|**Gm**   **B♭** |**E♭** |**B♭** ||

Say what you need to say. Say what you need to say.

Sweet Caroline

Words and Music by
Neil Diamond

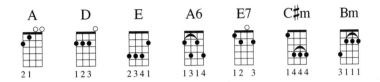

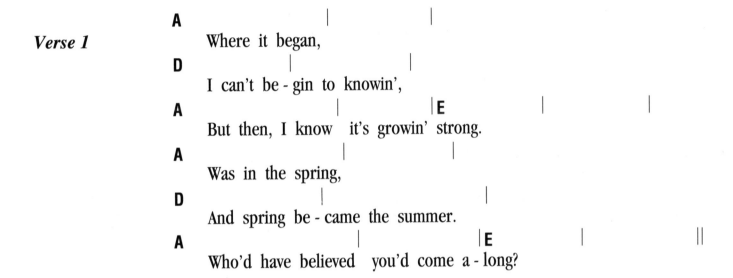

Verse 1

A
Where it began,

D
I can't be - gin to knowin',

A　　　　　　　　　**E**
But then, I know　it's growin' strong.

A
Was in the spring,

D
And spring be - came the summer.

A　　　　　　　　　　**E**
Who'd have believed　you'd come a - long?

Pre-Chorus 1

A
Hands,

A6
　Touchin' hands,

E7
　Reachin' out,

D
　Touchin' me,

　　E　　　　　　**D E**
Touchin' you.

© 1969 (Renewed) STONEBRIDGE MUSIC
All Rights Reserved

Chorus 1

```
A           |D        |
Sweet Caroline,
D                    |E         |      D  E |
    Good times   never seemed so good.
A               |D      |
I've been inclined
D               |       |E    D  |C#m  Bm ||
    To believe   they never would. But   now   I
```

Verse 2

```
A               |           |
    Look at the night,
D               |           |
    And it don't seem so lonely.
A           |       |E      |           |
We fill it up   with only two.
A               |           |
    And when I hurt,
D               |           |
Hurtin' runs off my shoulders.
A           |       |E          |           ||
How can I hurt   when holdin' you?
```

Pre-Chorus 2

```
A           |           |
Warm,
A6              |           |
  Touchin' warm,
E7              |           |
  Reachin' out,
D           |
  Touchin' me,
        |E          |       D  E ||
Touchin' you.
```

Chorus 2

A |D |

Sweet Caroline,

D | |E | D   E |

    Good times   never seemed so good.

A |D |

I've been inclined

D | |E   D |C♯m Bm ||

    To believe   they never would. Oh,   no,   no.

Interlude

E7 | | | | | | ||

Outro

A |D |

Sweet Caroline,

D | |E | D   E |

    Good times   never seemed so good.

A |D |

Sweet Caroline,

D | |E | D   E |A ||

    I believed   they never could.

Sic 'Em on a Chicken

Words and Music by
Zac Brown and John Driskell Hopkins

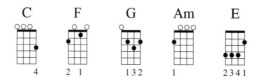

Intro

C | |F | |C | |G | |

C | |F | |C |G |C | ||

Chorus 1

C | |
Sic 'em on a chicken.

F | |
Sic 'em on a chicken.

C | |G | |
Sic 'em on a chicken and watch them feathers fly.

C | |
Sic 'em on a chicken.

F | |
Sic 'em on a chicken.

C |G |C | ||
Break out the butter and the flour; we're ready to fry.

Verse 2

C |
My dog Pete's the smallest dog

  |F |
Of all the dogs in my yard. (That's right.)

  |C |
He's a mean sum-bitch, drinks Beam and water

  |G | ||
From a broken Mason jar.   And we

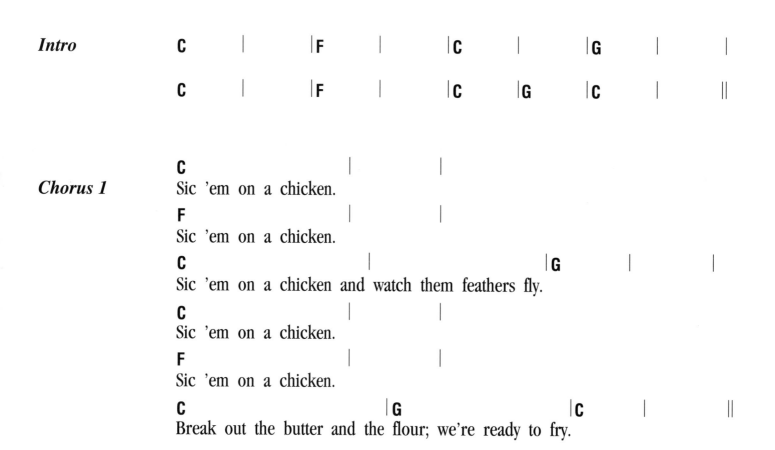
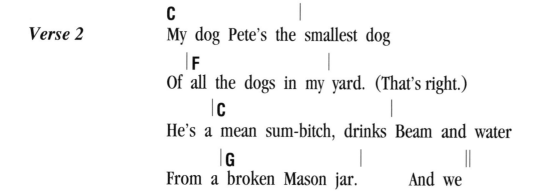

Copyright © 2008 Weimerhound Publishing and Brighter Shade Publishing
All Rights Reserved   Used by Permission

Repeat Chorus 1

Interlude 1   C | |F | |C | |G | |

                      C | |F | |C |G |C |

Verse 2

‖C | |
I heard this awful noise   coming out of the woods.

F |
  (Coming out of the woods.)

       |C
I heard chicken screams.

 |C |G |
I knew it wasn't gonna be good.

Chorus 2

‖C |
I think we lost a chicken.

 |F |
I think we lost a chicken.

 |C | |G |
I think we lost a chicken 'cause I just heard her cry.

 |C |
I think we lost a chicken.

 |F |
I think we lost a chicken,

  |C |G |C | ‖
But you can get another one for a dollar seventy-nine.

Repeat Interlude 1

Verse 3

```
       ‖C                      |
Over a couple of years his spurs had grown,
     |F                    |
And he wasn't safe to keep    around the home.
     |C                     |
And he almost took an eye - ball
                      |G           |
From Lonny's son.
           |C                   |
And I was in the kitchen making fig preserves,
       |F                        |
And I heard that young'un got kicked in the face,
     |C                          |G
And I knew it was the day that that rooster's
                      |C          |
Gonna get what he de - serves.
```

Chorus 3

```
       ‖C                 |              |
So I chased the chicken.
F                     |         |
I chased the chicken.
C                     |                      |G     |          |
I chased the chicken and Pete hit him from the side.
C                 |         |
I chased the chicken.
F                 |         |
I chased the chicken.
C                        |G                    |Am  |      |      |      ‖
Me and Pete suppered on a home-made chicken pot pie.
```

Interlude 2 Am | | | | | | | |

Am | | |E |Am | |Dm |E Am |
Hey!

Am | | |E |Am | |Dm |E Am |
Hey!

Am | | |E |Am | |Dm |E Am |
Hey!

Am | | |E |Am | |Dm |E |

Am | | |N.C. |

C | |F | |C | |G |

Chorus 4

‖C | |
Well, sic 'em on a chicken.

F | |
Sic 'em on a chicken.

C | |G | |
Sic 'em on a chicken and watch them feathers fly.

C | |
Sic 'em on a chicken.

F | |
Sic 'em on a chicken.

C |G |C | ‖
I can smell the kitchen and it's almost supper - time.

Sloop John B.

Traditional

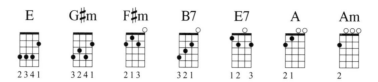

Verse 1

|E |
We come on the sloop John B.,

|E | |
My grandfather and me.

E |G♯m |F♯m |
'Round Nassau town we did roam.

B7 |E |E7 |A |Am
  Drinking all night,   we got in a fight,

|E |B7 |E ||
I feel so break up,   I want to go home.

Chorus

|E | |
So hoist up the John B. sails,

E | |
See how the mainsail sets,

E |G♯m |F♯m |
Call for the captain a - shore, let me go home,

B7 |E |E7 |A |Am
  Let me go home,   let me go home.

|E |B7 |E ||
I feel so break up, I want to go home.

This Arrangement Copyright © 2004 Cherry Lane Music Company
International Copyright Secured   All Rights Reserved

Verse 2

      |E |
The first mate, oh, he got drunk,

E | |
Broke up the people's trunk,

E |G♯m |F♯m |
Constable had to come and take him away.

B7 |E |E7 |A |Am
  Sheriff John Stone,   please leave me a - lone,

|E |B7 |E ||
I feel so break up,   I want to go home.

Repeat Chorus

Verse 3

      |E | |
The poor cook, oh, he got fits,

E | |
Ate up all of the grits,

E |G♯m |F♯m |
Then he took and he ate up all of the corn.

B7 |E |E7 |A |Am
  Sheriff John Stone,   please leave me a - lone,

|E |B7 |E ||
This is the worst trip   I've ever been on.

Summer Breeze

Words and Music by
James Seals and Dash Crofts

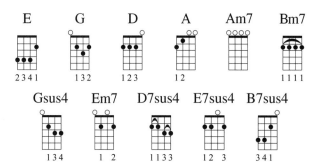

Verse 1

    E   G
See the curtains hang‑ing in the window

    D   A |E Am7 |
In the evening on a Friday night.

    E   G
A little light a shin‑ing through the window

    D   A |E ||
Lets me know every‑thing's alright.

Chorus

    Am7 |Bm7
    Summer breeze makes me feel fine,

    Am7 |G | Gsus4 G |
Blowin' through the jasmine in my mind.

    Am7 |Bm7
    Summer breeze makes me feel fine,

    Am7 |G | Gsus4 G |Em7 Am7 ||
Blowin' through the jasmine in my mind.

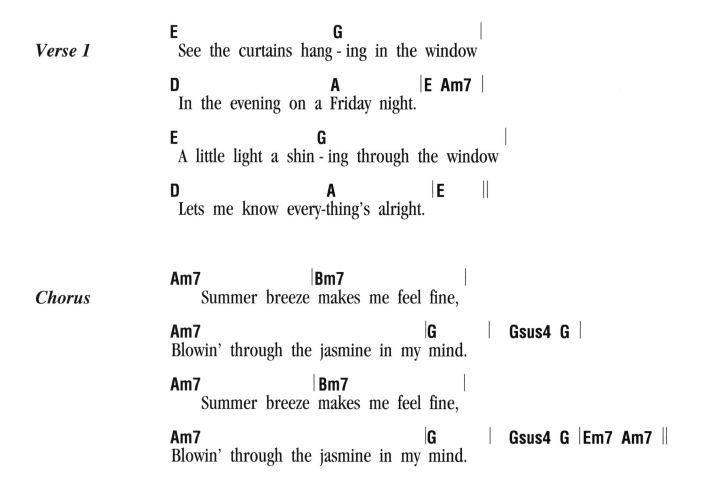

Copyright © 1971, 1973 SUTJUJO MUSIC, FAIZILU PUBLISHING and SONGS OF UNIVERSAL, INC.
Copyright Renewed
All Rights for FAIZILU PUBLISHING Controlled and Administered by CLEARBOX RIGHTS
All Rights Reserved   Used by Permission

Verse 2

```
E                    G                       |
  See the paper lay - ing on the sidewalk,

D                         A              |E Am7 |
  A little music from the house next door.

E                    G                  |
  So I walk on up to the doorstep,

D                              A         |E      ||
  Through the screen and a-cross the floor.
```

Repeat Chorus

Bridge

```
Em7              Am7        |Em7          Am7    |
  Sweet days of summer, the jasmine's in bloom,

Em7   Am7            |Em7         Am7
  July is dressed up and playing her tune.

              |D7sus4           |E7sus4
When I come home  from a hard         day's work

              |D7sus4            |E7sus4          |B7sus4 ||
And you're waiting there, not a care      in the world.
```

Verse 3

```
E                    G                       |
  See the smile a wait - ing in the kitchen,

D                         A         |E Am7 |
  Food cooking and the plates for two.

E                         G              |
  Feel the arms that reach   out to hold me

D                         A         |E      ||
  In the evening when the day is through.
```

Repeat Chorus

Teach Your Children

Words and Music by Graham Nash

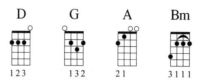

Verse 1

    D   **|G**
You who are on the road

          |D   **|A**
Must have a code that you can live by.

   |D   **|G**
And so become your - self,

     |D   **|A**   **||**
Because the past is just a goodbye.

Chorus 1

    D   **|G**
Teach your children well,

        |D   **|A**
Their father's hell did slowly go by.

    |D   **|G**
And feed them on your dreams,

       |D   **|A**   **|**
The one they pick's the one you'll know by.

D   **|G**
   Don't you ever ask them why,

                |D
If they told you, you would cry,

           |Bm **|G**   **A**
So just look at them and sigh

       |D   **|G**   **|D** **|A**
And know they love you.

Copyright © 1970 Nash Notes
Copyright Renewed
All Rights Administered by Sony/ATV Music Publishing LLC, 8 Music Square West, Nashville, TN 37203
International Copyright Secured   All Rights Reserved

Verse 2

```
   ‖D                       |G
And you, of the tender years

                |D                      |A
Can't know the fears that your elders grew by.

          |D                           |G
And so please help them with your youth,

                |D                  |A          ‖
They seek the truth before they can die.
```

Chorus 2

```
          D                       |G
Teach your parents well,

                     |D                |A
Their children's hell did slowly go by.

        |D                      |G
And feed them on your dreams,

                  |D                         |A          |
The one they pick's the one you'll know by.

          D                                 |G
  Don't you ever ask them why,

                                 |D
If they told you, you would cry,

                         |Bm    |G     A
So just look at them and sigh

                |D          |G       |D    A  |D      ‖
And know they love you.
```

Toes

Words and Music by
Zac Brown, Wyatt Durrette, John Driskell Hopkins and Shawn Mullins

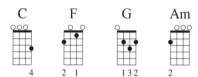

C   F   G   Am

Intro   C |F |C |G |C |F |C G |C

Chorus 1

              ||C |F
I got my toes in the water, ass in the sand.

          |C   Am |G
Not a wor - ry in the world,   a cold beer in my hand.

           |F |G |C
Life is good today.   Life is good today.

Verse 1

             ||C |F
Well, the plane touched down just about three o'clock

          |C |G
And the cit - y's still on my mind.

   |C |F
Bi - kinis and palm trees danced in my head;

       |C   G |C
I was still in the bag - gage line.

     |C |F
Con - crete and cars are there own prison bars

    |C |G
Like this life I'm living in.

    |C
But the plane brought me farther;

     |F |C   G |C
I'm sur - rounded by water, and I'm not goin' back again.

Copyright © 2008 Weimerhound Publishing, Angelika Music, Brighter Shade Publishing and Roadieokie Music/Administered by Bug Music
All Rights Reserved Used by Permission

Chorus 2

‖**C** |**F**
I got my toes in the water, ass in the sand.
          |**C**   **Am** |**G**
Not a wor - ry in the world,   a cold beer in my hand.
              |**F** |**G** |**C** |
Life is good today.   Life is good today.

Bridge 1

C Tacet |**F** |
  Adios and vaya con Dios.
F |**C** |
  Yeah, I'm leaving GA.

           |**G** |
And if it weren't for tequila and pretty señoritas,
 |**G** |**C** |
I'd, I'd have no reason to stay.
C Tacet |**F** |
  Adios and vaya con Dios,
F |**C** |
  Yeah, I'm leaving GA.
     |**G** | |
Gonna lay in the hot sun and roll a big fat one and,
G Tacet |**C** |**F** |
  And grab my guitar and play.
C |**G** |**C** |**F** |**C G** |**C**

Verse 2

```
           ‖C                        |F
Well, four days  flew by like a drunk  Friday night
         |C                     |G
As the sum - mer drew to an end.
     |C                      |F
They  can't believe that I just  couldn't leave,
         |C    G           |C
And I bid  adieu  to my friends.
             |C                  |F
'Cause my  bartender, she's  from the islands;
     |C                              |G
Her body's been kissed by the sun.
     |C                          |F
And coconut replaces the smell  of the bar,
           |C          G           |C
And I don't  know if its her   or the rum.
```

Repeat Chorus 2

Bridge 2

```
C Tacet              ‖F                |
  Adios and vaya con Dios.
F                    |C               |
  A long way from GA.
            |G                |                      |
Yes, and all  the muchachas, they call me "Big Poppa"
G                          |C            |
  When I throw pesos their way.
C Tacet              |F                |
  Adios and vaya con Dios.
F                    |C               |
  A long way from GA.
          |G                  |                      |
Someone do me a favor and pour me some Jaeger and
G Tacet                  |C           |F           |
  I'll grab my guitar and play.
C      |G      |C      |F        |C  G  |C         ‖
```
```
```

Bridge 3

C Tacet   ‖F |
Adios and vaya con Dios,

F |C |
Going home now to stay.

           |G | |
The seño - ritas don't *quiero* when there's no *dinero*, yeah,

G |C |·
And I got no money to stay.

C Tacet |F |
Adios and vaya con Dios,

F |C | ‖
Going home now to stay.

Chorus 3

        G |
Just gonna drive up by the lake,

         |C |F
And put my ass in a lawn chair, toes in the clay.

        |C   Am |G
Not a wor - ry in the world,   a PB - R on the way.

       |F |G |C |F G C   ‖
Life is good today.   Life is good today.

Viva la Vida

Words and Music by
Guy Berryman, Jon Buckland, Will Champion and Chris Martin

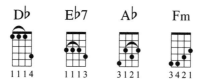

Intro   D♭   E♭7| |A♭   Fm | |

         D♭   E♭7| |A♭   Fm |

Verse 1
        ‖D♭   E♭7 |
I used to rule the world.
        |A♭   Fm |
Seas would rise when I gave the word.
        |D♭   E♭7 |
Now in the morning I sleep a - lone,
        |A♭   Fm | ‖
Sweep the streets I used to own.

Interlude 1   D♭   E♭7| |A♭   Fm | |

         D♭   E♭7| |A♭   Fm |

Copyright © 2008 by Universal Music Publishing MGB Ltd.
All Rights in the United States and Canada Administered by Universal Music - MGB Songs
International Copyright Secured   All Rights Reserved

Verse 2

     ‖**D♭**   **E♭7** |
I used to roll the dice,

     |**A♭**   **Fm** |
Feel the fear in my enemy's eyes.

           |**D♭**   **E♭7** |
Listened as the crowd would sing,

     |**A♭**   **Fm**|
"Now the old king is dead, long live the king."

        |**D♭**   **E♭7**|
One minute I held the key,

     |**A♭**   **Fm** |
Next the walls were closed on me,

              |**D♭**   **E♭7** |
And I discovered that my castles stand

     |**A♭**   **Fm** |
Upon pillars of salt and pil - lars of sand.

Chorus 1

     ‖**D♭**   **E♭7** | |
I hear Jerusalem bells   a-ringing.

A♭   **Fm** | |
Roman Cavalry choirs   are singing.

D♭   **E♭7** |
Be my mirror, my sword   and shield,

 |**A♭**   **Fm** | |
My missionaries in a for - eign field.

D♭   **E♭7** | |
For some reason I can't   explain,

A♭   **Fm** |
Once you'd gone there was never,

     |**D♭** **E♭7** |
Never an hon - est word,

     |**A♭**   **Fm** | ‖
And that was when I ruled the world.

Interlude 2 D♭   E♭7| |A♭   Fm | |

D♭   E♭7| |A♭   Fm |

||D♭ E♭7 |

Verse 3 It was the wicked and wild wind,

|A♭   Fm|

Blew down the doors to let me in.

|D♭   E♭7 |

Shattered windows and the sound of drums,

|A♭   Fm|

People couldn't believe what I'd   become.

|D♭   E♭7 |

Revolution - aries wait

|A♭   Fm |

For my head on a silver plate.

|D♭   E♭7 |

Just a puppet on a lonely string.

|A♭   Fm |

Oh, who would ever wanna be king?

||D♭   E♭7 | |

Chorus 2 I hear Jerusalem bells   a-ringing.

A♭   Fm | |

Roman Cavalry choirs   are singing.

D♭   E♭7 |

Be my mirror, my sword   and shield,

|A♭   Fm| |

My missionaries in a for - eign field.

D♭   E♭7 |

For some reason I can't   explain,

|A♭   Fm |

I know Saint Peter won't call   my name.

|D♭   E♭7 |

Never an honest word,

|A♭   Fm | ||

But that was when I ruled the world.

Interlude 3   D♭   Fm | | D♭   Fm | |

D♭   Fm | | E♭7 | ‖

                                                  Oh.

Bridge

D♭   E♭7 | | A♭   Fm | |
        Oh.   Oh.

D♭   E♭7 | | A♭   Fm | ‖
        Oh.   Oh.

Chorus 3

D♭   E♭7 | |
Hear Jerusalem bells   a-ringing.

A♭   Fm | |
Roman Cavalry choirs   are singing.

D♭   E♭7 |
Be my mirror, my sword   and shield.

 | A♭   Fm | |
My missionaries in a for - eign field.

D♭   E♭7 |
For some reason I can't   explain,

 | A♭   Fm |
I know Saint Peter won't call   my name.

    | D♭   E♭7 |
Never an honest word,

     | A♭   Fm | ‖
But that was when I ruled the world.

Outro

D♭ | E♭7 | A♭ | Fm |
Ooh.

D♭ | E♭7 | A♭ | Fm   ‖
Ooh.

What a Wonderful World

Words and Music by
George David Weiss and Bob Thiele

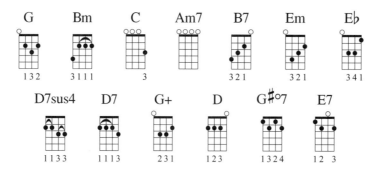

Verse 1

|**G**   **Bm** |**C**   **Bm** |
I see trees of green, red roses too,

Am7   **G** |**B7**   **Em**
I see them bloom for me and you,

|**E♭** |**D7sus4**
And I think to myself,

D7 |**G**   **G+** |**C D7**
What a wonderful world.

Verse 2

‖**G**   **Bm** |**C**   **Bm**
I see skies of blue and clouds of white,

|**Am7**   **G** |**B7**   **Em**
The bright blessed day, the dark sacred night,

|**E♭** |**D7sus4**
And I think to myself,

D7 |**G**   **C** |**G**
What a wonderful world.

Copyright © 1967 by Range Road Music Inc., Bug Music-Quartet Music and Abilene Music, Inc.
Copyright Renewed
International Copyright Secured All Rights Reserved
Used by Permission

Bridge

‖**D7** |**G**
The colors of the rainbow, so pretty in the sky,

|**D7** |**G**
Are also on the faces of people going by.

|**Em**   **D** |**Em**   **D** |
I see friends shaking hands, saying, "How do you do!"

Em   **G♯○7** | **Am7**   **D7**
They're really saying, "I   love you."

Verse 3

‖**G**   **Bm** |**C**   **Bm** |
I hear babies cry, I watch them grow.

Am7   **G** |**B7**   **Em**
They'll learn much more than I'll ever know

|**E♭** |**D7sus4**
And I think to myself,

        D7 |**G** |**E7**
What a wonderful world.

|**Am7** |
Yes, I think to myself,

D7sus4   **D7** |**G**   **C** | **G** ‖
What a wonderful world.

You Are the Sunshine of My Life

Words and Music by
Stevie Wonder

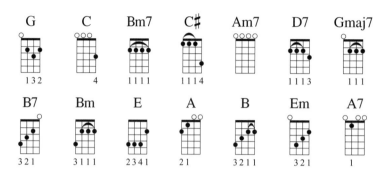

Chorus 1

G |C |Bm7 |C♯ |
You are the sun - shine of my life,

Am7 |D7 |G |Am7 D7 |
That's why I'll al - ways be around.

G |C |Bm7 |C♯ |
You are the ap - ple of my eye,

Am7 |D7 |G |Am7 ||
Forever you'll   stay in my heart.

Verse 1

G |C |Gmaj7 |C |
I feel like this   is the be   - ginning,

Gmaj7 |C |B7 |Bm B |
Though I've loved you   for a million years.

E |A B |Em |
And if I thought   our love was   ending,

|A7 | |D7 | ||
I'd find   myself drown-ing in my own tears. Whoa, whoa.

© 1972 (Renewed 2000) JOBETE MUSIC CO., INC. and BLACK BULL MUSIC
c/o EMI APRIL MUSIC INC.
All Rights Reserved   International Copyright Secured   Used by Permission

Chorus 2

G |C |Bm7 |C♯ |
You are the sun - shine of my life,

Am7 |D7 |G |Am7 D7 |G
That's why I'll al - ways stay around.

G |C |Bm7 |C♯ |
You are the ap - ple of my eye,

Am7 |D7 |G |Am7   ‖
Forever you'll   stay in my heart.

Verse 2

G |C |Gmaj7 |C |
You must have known   that I was   lonely,

Gmaj7 |C |B7 |Bm B |
Because you came   to my rescue.

E |A   B |Em |
And I know that this must be   heaven,

          |A7 | |D7 | ‖
How could so   much love be inside of you? Whoa.

Repeat Chorus 1

More Great Piano/Vocal Books

FROM CHERRY LANE

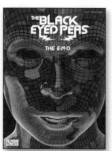

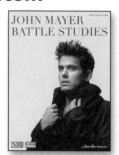

For a complete listing of Cherry Lane titles available,
including contents listings, please visit our web site at
www.cherrylane.com

02501590	Sara Bareilles – Kaleidoscope Heart	$17.99
02501136	Sara Bareilles – Little Voice	$16.95
00102353	Sara Bareilles – Once Upon Another Time	$12.99
02501505	The Black Eyed Peas – The E.N.D.	$19.99
02502171	The Best of Boston	$17.95
02501614	Zac Brown Band – The Foundation	$19.99
02501618	Zac Brown Band – You Get What You Give	$19.99
02501123	Buffy the Vampire Slayer – Once More with Feeling	$18.95
02500665	Sammy Cahn Songbook	$24.95
02501688	Colbie Caillat – All of You	$17.99
02501454	Colbie Caillat – Breakthrough	$17.99
02501127	Colbie Caillat – Coco	$16.95
02500838	Best of Joe Cocker	$16.95
02502165	John Denver Anthology – Revised	$22.95
02500002	John Denver Christmas	$14.95
02502166	John Denver's Greatest Hits	$17.95
02502151	John Denver – A Legacy in Song (Softcover)	$24.95
02500566	Poems, Prayers and Promises: The Art and Soul of John Denver	$19.95
02500326	John Denver – The Wildlife Concert	$17.95
02500501	John Denver and the Muppets: A Christmas Together	$9.95
02501186	The Dresden Dolls – The Virginia Companion	$39.95
02509922	The Songs of Bob Dylan	$29.95
02500497	Linda Eder – Gold	$14.95
02500396	Linda Eder – Christmas Stays the Same	$17.95
02502209	Linda Eder – It's Time	$17.95
02501542	Foreigner – The Collection	$19.99
02500535	Erroll Garner Anthology	$19.95
02500318	Gladiator	$12.95
02502126	Best of Guns N' Roses	$17.95
02502072	Guns N' Roses – Selections from Use Your Illusion I and II	$17.95
02500014	Sir Roland Hanna Collection	$19.95
02501447	Eric Hutchinson – Sounds Like This	$17.99
02500856	Jack Johnson – Anthology	$19.95
02501140	Jack Johnson – Sleep Through the Static	$16.95

02501564	Jack Johnson – To the Sea	$19.99
02501546	Jack's Mannequin – *The Glass Passenger* and *The Dear Jack EP*	$19.99
02500834	The Best of Rickie Lee Jones	$16.95
02500381	Lenny Kravitz – Greatest Hits	$14.95
02501318	John Legend – Evolver	$19.99
02500822	John Legend – Get Lifted	$16.99
02503701	Man of La Mancha	$11.95
02501047	Dave Matthews Band – Anthology	$24.95
02502192	Dave Matthews Band – Under the Table and Dreaming	$17.95
02501514	John Mayer Anthology – Volume 1	$22.99
02501504	John Mayer – Battle Studies	$19.99
02500987	John Mayer – Continuum	$16.95
02500681	John Mayer – Heavier Things	$16.95
02500563	John Mayer – Room for Squares	$16.95
02500081	Natalie Merchant – Ophelia	$14.95
02502446	Jason Mraz – Love Is a Four Letter Word	$19.99
02500863	Jason Mraz – Mr. A-Z	$17.95
02501467	Jason Mraz – We Sing. We Dance. We Steal Things.	$19.99
02502895	Nine	$17.95
02501411	Nine – Film Selections	$19.99
02500425	Time and Love: The Art and Soul of Laura Nyro	$21.99
02502204	The Best of Metallica	$17.95
02501497	Ingrid Michaelson – Everybody	$17.99
02501496	Ingrid Michaelson – Girls and Boys	$19.99
02501768	Ingrid Michaelson – Human Again	$17.99
02501529	Monte Montgomery Collection	$24.99
02500857	Anna Nalick – Wreck of the Day	$16.95
02501336	Amanda Palmer – Who Killed Amanda Palmer?	$17.99
02501004	Best of Gram Parsons	$16.95
02500010	Tom Paxton – The Honor of Your Company	$17.95
02507962	Peter, Paul & Mary – Holiday Concert	$17.95
02500145	Pokemon 2.B.A. Master	$12.95
02500026	The Prince of Egypt	$16.95
02500660	Best of Bonnie Raitt	$17.95
02502189	The Bonnie Raitt Collection	$22.95
02502088	Bonnie Raitt – Luck of the Draw	$14.95
02507958	Bonnie Raitt – Nick of Time	$14.95
02502218	Kenny Rogers – The Gift	$16.95
02501577	She & Him – Volume One	$16.99

02501578	She & Him – Volume Two	$16.99
02500414	Shrek	$16.99
02500536	Spirit – Stallion of the Cimarron	$16.95
02500166	Steely Dan – Anthology	$17.95
02500622	Steely Dan – Everything Must Go	$14.95
02500284	Steely Dan – Two Against Nature	$14.95
02500344	Billy Strayhorn: An American Master	$17.95
02500515	Barbra Streisand – Christmas Memories	$16.95
02502164	Barbra Streisand – The Concert	$22.95
02500550	Essential Barbra Streisand	$24.95
02502228	Barbra Streisand – Higher Ground	$17.99
02501065	Barbra Streisand – Live in Concert 2006	$19.95
02501485	Barbra Streisand – Love Is the Answer	$19.99
02501722	Barbra Streisand – What Matters Most	$19.99
02502178	The John Tesh Collection	$17.95
02503623	John Tesh – A Family Christmas	$15.95
02503630	John Tesh – Grand Passion	$16.95
02500307	John Tesh – Pure Movies 2	$16.95
02501068	The Evolution of Robin Thicke	$19.95
02500565	Thoroughly Modern Millie	$17.99
02501399	Best of Toto	$19.99
02502175	Tower of Power – Silver Anniversary	$17.95
02501403	Keith Urban – Defying Gravity	$17.99
02501008	Keith Urban – Love, Pain & The Whole Crazy Thing	$17.95
02501141	Keith Urban – Greatest Hits	$16.99
02502198	The "Weird Al" Yankovic Anthology	$17.95
02500334	Maury Yeston – December Songs	$17.95
02502225	The Maury Yeston Songbook	$19.95

See your local music dealer or contact:

EXCLUSIVELY DISTRIBUTED BY
HAL•LEONARD® CORPORATION
7777 W. BLUEMOUND RD. P.O. BOX 13819 MILWAUKEE, WI 53213

Prices, contents and availability subject to change without notice.

1112